Anne Wilson Schaef:
Im Zeitalter der Sucht
Wege aus der Abhängigkeit

Aus dem Amerikanischen von
Brigitte Jakobeit

Deutscher
Taschenbuch
Verlag

Ungekürzte Ausgabe
November 1991
Deutscher Taschenbuch Verlag GmbH & Co. KG, München
© 1987 Anne Wilson Schaef
Titel der amerikanischen Originalausgabe:
When Society Becomes An Addict
Harper & Row, San Francisco 1987
© der deutschsprachigen Ausgabe:
1989 Hoffmann und Campe Verlag, Hamburg
ISBN 3-455-08344-7
Umschlaggestaltung: Boris Sokolow
Gesamtherstellung: C. H. Beck'sche Buchdruckerei, Nördlingen
Printed in Germany · ISBN 3-423-15095-5

Inhalt

Die Prozesse des Suchtsystems

Genesung und Heilung

Dank

Für die Entstehung dieses Buches schulde ich vielen Menschen und Prozessen meinen Dank. Es war eine lange und schwierige Geburt. Eigentlich ist dies mein zweites Buch, aber es erscheint als drittes. Dieses Buch hat mir dabei geholfen, daß ich mich heute als Autorin, Korrektorin und Lektorin bezeichnen kann, und dafür bin ich sehr dankbar. Allen, die mir auf diesem Weg ihren hilfreichen Beistand geleistet haben, fühle ich mich verbunden. Diane Fassel und John Reed standen mit ihrer Ermutigung, Unterstützung, aber auch harter Kritik stets dann zur Verfügung, wenn es notwendig war. Die Leute, die nach dem Prozesse-Programm arbeiten, haben mit ihren Ideen und Erfahrungen einen wichtigen Beitrag geleistet. Sie und die Teilnehmer und Teilnehmerinnen an den Intensiv-Workshops haben sich mir offen und uneingeschränkt mitgeteilt, dafür bin ich ihnen zu aufrichtigem Dank verpflichtet. Wenn ich mich heute Autorin nenne, denke ich an Ugis Pinka, Carolyn Schrodes und Carol Barrett, die dazu erheblich beigetragen haben. Und an meine zwei erwachsenen Kinder, Beth und Roddy, die immer noch sagen »Mach weiter, Mom.«

Von professioneller Seite haben mir Jan Johnson, Tom Grady und Clayton Carlson die Grenzen gezeigt.

Wer Bücher schreibt, braucht Hilfe, und ich habe sie gehabt.

Ich weiß die liebevolle Unterstützung zu schätzen, die ich täglich erfahre. Sie beeindruckt mich sehr.

Das Suchtsystem

Unsere Gesellschaft zerfällt mit beängstigender Geschwindigkeit. Kaum schalten wir die Nachrichten ein oder schlagen die Zeitung auf, überschwemmen uns Informationen über Korruption in höchsten Stellen, finanzielle Zusammenbrüche und moralische Defizite in Einrichtungen von der Vorschule bis hin zu Fleischverpackungsfabriken. Wir haben Angst, unsere Kinder könnten in die Hände von Drogen-Dealern geraten, und wir erfahren, wie unsere sogenannten »Heiler« ihre Klienten sexuell benutzen. Saurer Regen und Umweltverschmutzung zerstören unseren Planeten, und der nukleare Holocaust ist eine überaus greifbare Realität geworden. Hungersnöte und Kriege überziehen die Erde.

Wir, die Gesellschaft als Ganze setzen uns dagegen nicht etwa zur Wehr, vielmehr reagieren wir mit einer weitverbreiteten Kränkelei: Das Geschäft mit Antidepressiva ging noch nie so gut. Gleichgültigkeit und Depression sind zu Synonymen für angepaßtes Verhalten geworden. Doch wir suchen nicht nach Wegen zur Veränderung, die uns Schutz verspricht. Im Gegenteil, wir werden in zunehmendem Maße unbelehrbar, selbstgefällig und machen uns zu Fürsprechern des Status quo.

Die wenigen unter uns, die sich dieser wachsenden Probleme bewußt sind und sich mit ihnen beschäftigen, stoßen auf heftige Ablehnung. Kandidieren sie für ein öffentliches Amt, so werden sie nicht gewählt. Konfrontieren sie uns mit dem, was sie wissen, werden sie ignoriert, verlieren ihre Jobs oder geraten in Mißkredit.

Andere wiederum versuchen, diese Probleme zu analysieren, und bekämpfen sie, indem sie darüber schreiben. In den letzten Jahren sind Berge von Büchern aus allen erdenklichen Forschungsrichtungen erschienen, aus denen die Sorge um unsere Welt spricht: ›Why Democracies Perish‹, ›Wiederverzauberung der Welt‹, ›The One Straw Revolution‹, ›Wendezeit‹, ›Entropy‹, ›Megatrends‹ und ›Green Paradise Lost‹[1] – um nur einige zu nennen. Das gleiche gilt für die sogenannten Ratgeberbücher. Ihre Themen reichen von der Gewichtskontrolle bis zu psychologischen Selbsthilfegruppen, und ihre Popularität nimmt ständig zu. Sie alle bieten uns Antworten an, doch kein Buch erfaßt das Problem im Kern.

Ich glaube, das hat zwei Gründe. Zum einen bleiben die meisten Autoren, wenn nicht sogar alle, bei der Analyse stehen und führen ihr Thema nicht zu Ende. Sie denken beinahe ausschließlich mit der linken Gehirnhälfte – also rational und logisch. Um in den Worten von Morris Berman in ›Wiederverzauberung der Welt‹ zu sprechen: Sie arbeiten mit einem nicht-partizipatorischen wissenschaftlichen Ansatz, der sich auf Empirie und logischen Positivismus stützt. Doch dieser Ansatz ist ziemlich begrenzt; er betrachtet die Welt aus einem zutiefst eingeengten Blickwinkel.

Zweitens beschäftigen sich die meisten Autoren, wenn nicht sogar alle, nur mit einem Teilaspekt des Gesamtproblems. Bis heute hat keiner die Einzelteile zusammengefügt und das Problem als Ganzes geprüft. Im Grunde vermute ich, daß es bisher noch nicht einmal als Ganzes wahrgenommen – oder zumindest in seinem vollen Ausmaß erkannt wurde.

Ein Großteil der Erkenntnisse über unsere Gesellschaft läßt sich mit dem vergleichen, was Blinde über Elefanten wissen. Wie uns diese alte Geschichte lehrt, besteht ein Elefant nicht nur aus zwei Ohren, einem Schwanz oder einem Rüssel; ja, er ist sogar weit mehr als bloß ein Tier. Er verkörpert auch einen Prozeß in einem größeren Zusammenhang. Er wird geboren, er lebt und er stirbt. Das ist ein Prozeß.

Auch unsere Gesellschaft steht – wie der Elefant – in einem größeren Zusammenhang. Sie verkörpert ein System, und zwar ein Suchtsystem. Es trägt alle Merkmale und vollzieht alle Prozesse, die für den Alkoholiker oder Süchtigen typisch sind. Es funktioniert aufgrund genau derselben Mechanismen. Von der Gesellschaft als Suchtsystem zu sprechen heißt nicht, sie zu verurteilen, ebensowenig wie wir den Alkoholiker verurteilen, wenn wir in seine Krankheit eingreifen. In Wirklichkeit weiß jeder von uns, der mit Süchtigen arbeitet: Das Liebevollste und Hilfreichste ist, der Krankheit nicht feindselig zu begegnen und sie nicht zu verleugnen. Nur auf diesem Weg kann der Süchtige gesund werden. Und wie beim Süchtigen müssen wir auch bei der Gesellschaft feststellen: Sie *hat* eine Krankheit. Sie *ist* nicht selber die Krankheit. Erst wenn die Gesellschaft zu ihrer Krankheit steht, kann sie gesund werden.

Daß unsere Gesellschaft an einer Suchtkrankheit leidet, dieses Bewußtsein fehlt in jenen Ansätzen, die sich mit der Lösung unserer gegenwärtigen Probleme befassen. Meistens konzentrieren sich die betreffenden Autoren auf ihr Interessen- oder Fachgebiet. Das ist typisch für eine zersplitterte Gesellschaft wie die unsere, und es entspricht exakt dem »Tunnelblick« von Alkoholikern und Süchtigen.

Hinzu kommt noch, daß diejenigen, die sich mit der Beschreibung unseres Systems befassen, zu wenig Abstand zu ihm besitzen und ihre Integration zu weit fortgeschritten ist, um es vorurteilsfrei und klar betrachten zu können. Oft sind diese Betrachter selbst Süchtige (inwiefern, werde ich noch an anderer Stelle erklären), sie stammen aus suchtgeprägten, dysfunktionalen Familien; oder sie haben den Versuch unternommen, das System zu verlassen und »objektiv« zu sein, mit dem

Ergebnis, daß ihr Informationsfluß gestört ist und sie nicht mehr an der Realität teilhaben.

Wenn wir das Suchtsystem so, wie es ist, begreifen wollen, dann müssen wir es kennen, ohne darin unterzugehen. Anders formuliert: Wir müssen von seinen Auswirkungen genesen. Einigen Menschen ist dies gelungen. Ein Blick in die Geschichte zeigt jedoch, daß das wichtigste Heilmittel gegen die Sucht namenlos blieb – Anonyme Alkoholiker, Al-Anon, Anonyme Eßsüchtige, Anonyme Spieler und so weiter. Folglich haben die Menschen, die unser System am genauesten wahrnehmen, dieses Wissen oft in der Anonymität aufbewahrt.

Niemand vermag einen Vorgang wirklich zu verstehen, wenn er nicht daran beteiligt ist. Vor allem meine Arbeit in der Frauenbewegung und im Drogensuchtbereich hat mich gelehrt, wer die verläßlichsten Informationen weitergibt. Es sind Menschen, die aus persönlicher Erfahrung sprechen. Objektivität ist ein Mythos. Das größte Vertrauen kann man in Menschen setzen, die aufrichtig sagen können: »Ich weiß, wie dir zumute ist, weil ich das selbst durchgemacht habe.«

Wenn eine Theorie aufgrund persönlicher Anteilnahme entsteht, ist das Ergebnis eine Synthese. Genauso ist dieses Buch entstanden. Es stellt eine Synthese aus Ideen und Erfahrungen dar.

Es gibt eine gute Nachricht: Das Suchtsystem kann – ebenso wie der einzelne Alkoholiker oder Süchtige – gesunden. Doch bevor dies geschehen kann, müssen wir die Krankheit beim Namen nennen und sie akzeptieren. Und wir müssen uns eingestehen, daß die Gesellschaft, um die wir uns sorgen, an einer Krankheit leidet, von der sie genesen kann.

Zudem müssen wir bereit sein, die für diese Genesung notwendige Arbeit zu leisten. Das ist ein langer Prozeß, der in letzter Konsequenz den Wechsel in ein neues System verlangt. Ich nenne es »das System der lebendigen Prozesse«.

Oft müssen Alkoholiker beziehungsweise Süchtige erst einmal »auf den Hund gekommen sein«, bevor sie die Bereitschaft aufbringen, ihr Leben zu verändern. Meiner Ansicht nach steuert unsere gesamte Gesellschaft rapide auf diesen Punkt zu. Vielleicht ist sie aus genau diesem Grund für die in meinem Buch entwickelten Ideen empfänglich.

Sicher fragen Sie sich, wie ich zu der Behauptung gelange, unser System sei süchtig. Um dies zu erläutern, skizziere ich im ersten Teil meine persönliche Reise bis hin zu dem Bewußtsein, das mich zu dieser Überzeugung geführt hat. Ich werde Ihnen einige der von mir entwickelten Begriffe (zum Beispiel Suchtsystem, Männliches System) darlegen und im Anschluß daran die Suchtproblematik allgemein erörtern. Daß ich zu diesem Zweck modellhaft die Beziehungssucht verwende, hängt damit zusammen, daß sich die meisten von uns mit ihr unschwer identifizieren können. In diesem Kapitel finden Sie ebenfalls eine Ein-

13

führung in das Konzept der Co-Abhängigkeit und deren Zusammenhang mit Sucht. Im zweiten Teil beschreibe ich die Merkmale der Sucht und zeige auf, wie sich ihre Existenz und ihre Funktionsmechanismen sowohl im Individuum als auch im gesamten System äußern. Bis heute haben diese Merkmale ausschließlich im Kreis der Experten Beachtung gefunden, die sich mit der Behandlung von Süchten befassen. Doch sogar dort wurden sie nie in der Weise gesammelt und miteinander verknüpft, daß sie ein ganzes System beschreiben könnten.

Soweit mir bekannt ist, hat die Auffassung, daß größeren Systemen wie Schulen, Kirchen, Betrieben und Regierungen dieselben Merkmale, Prozesse, Probleme und Folgen zuzuordnen sind wie dem individuellen Alkoholiker oder Süchtigen, einen neuen und revolutionären Charakter. Das gleiche gilt für ein Bewußtsein, das diese Merkmale, Prozesse, Probleme und Folgen in unserem System wiedererkennt.

Der dritte Teil dieses Buches befaßt sich mit den Prozessen im Suchtsystem. Sie sind heimtückisch, sie halten das System zusammen und sorgen für seinen reibungslosen Ablauf. Welche Gewalt jedoch diese Prozesse ausüben, bleibt uns weitgehend unbewußt. Dafür gibt es eine Erklärung: Innerhalb des Suchtsystems denkt niemand in prozeßhaften Kategorien, einerseits, weil Prozesse sich jeder Meßbarkeit und Kontrolle entziehen, andererseits, weil das System keine Begriffe für prozeßhafte Vorgänge bereit hält, denn das würde wirkliche Anteilnahme erfordern.

Im letzten, vierten Teil stelle ich Ihnen einige Konzepte vor. Zu den neueren zählen etwa Paradigmenwechsel, zu den älteren das Zwölf-Schritte-Programm der Anonymen Alkoholiker. Die Vorschläge am Ende mögen jedem von Ihnen als Anregung dienen, wie diese Konzepte für eine systemische Genesung genutzt werden können.

Wie in meinem ersten Buch ›Weibliche Wirklichkeit. Ein Beitrag zu einer ganzheitlichen Welt‹ werde ich hier die Dinge beim Namen nennen, aber ich benenne sie auch neu. Dieses Buch ist eine Forschungsreise durch unser System, und es zeigt uns einen Weg, es zu verstehen. Verständnis ist der erste Schritt zur Veränderung.

14

Vermutlich ist es sinnvoll, am Anfang kurz zu der in meinem ersten Buch ›Weibliche Wirklichkeit‹ dargestellten Theorie zurückzukehren, da sich die folgenden Kapitel wiederholt auf sie berufen und auf ihr aufbauen.[2]

In ›Weibliche Wirklichkeit‹ beschrieb ich drei unterschiedliche Systeme, und ich nannte sie damals Männliches System, Aktives Weibliches System und Reaktives Weibliches System.*

Das System, in dem wir leben, bezeichnete ich als Männliches System, da in ihm Macht und Einflußnahme in den Händen von Männern liegen und sie für das Fortbestehen dieses Systems sorgen – mit der Unterstützung von uns allen. Als dominierendes System beherrscht es sämtliche Einrichtungen in unserer Kultur: unsere Regierung, unsere Gerichte, unsere Kirchen, unsere Schulen, unsere Wirtschaft und unsere Gesellschaft. Bitte verstehen Sie mich nicht falsch, ich spreche hier nicht von einzelnen Personen. Vielmehr geht es um ein System, das wir alle verinnerlicht haben und an dem wir alle teilhaben. Keineswegs ist dieses System nur auf Männer beschränkt, vielmehr gibt es in unserer Kultur mindestens ebenso viele Frauen, die nach seinen Grundsätzen handeln. Ich spreche von einem System, einem Weltbild.

Aufrechterhalten und gestützt wird dieses System durch vier Mythen. Der erste Mythos lautet: *Es gibt nur das Männliche System.* Folglich begreift es sich als Realität schlechthin, und wer ein anderes Weltbild besitzt, bekommt zu hören, er verstünde die »Realität« nicht oder hätte keine Ahnung, »worum es geht«. Die Überzeugungen und Vorstellungen anderer Systeme – die der Schwarzen, der Chicanos, der asiatischen Amerikaner, der indianischen Ureinwohner und der beiden weiblichen Systeme eingeschlossen – sind dem Männlichen System fremd, und sie werden als unbedeutend, unlogisch oder verrückt abgestempelt.

Der zweite Mythos lautet: *Das Männliche System ist von Natur aus überlegen.* Infolgedessen ist jeder, der seine Gesetze nicht befolgt, per definitionem minderwertig. Ein unlogischer Mythos! Wenn das Männliche System tatsächlich das einzig existierende (Realität) ist, wem sollte

---

* Der Verlag hat in der vorliegenden Übersetzung in drei prinzipielleren Fällen die Terminologie der ersten beiden Bücher von Anne Wilson Schaef, ›Weibliche Wirklichkeit‹ (1985) und ›Co-Abhängigkeit‹ (1986), verändert: das »White Male System (WMS)« oder »das System des weißen Mannes« wird hier mit »Männliches System«, das »reaktive Weibliche System« mit »Reaktives Weibliches System« und das »Weibliche System« mit »Aktives Weibliches System« übersetzt.

es dann überlegen sein? Wir werden jedoch sehen, daß es nicht logisch und widerspruchsfrei zu sein braucht, da es sich eigene Regeln schafft. Und diese sind eben oft unlogisch.

Der dritte Mythos lautet: *Das Männliche System ist allwissend.* Selbstverständlich bedeutet das nichts anderes, als daß alles, was mit seinen Methoden und Technologien nicht erfaßt und begriffen werden kann, theoretisch auch nicht existiert. Dieser Mythos bestimmt, was Wissen heißt und was lernenswert ist. Gleichzeitig erklärt er große Wissensgebiete einfach für null und nichtig. Der vierte Mythos lautet: *Es ist möglich, absolut logisch, rational und objektiv zu sein.* Wer dies von sich behauptet, schließt von vornherein die Situation aus, in der er nicht logisch, rational und objektiv sein kann. Dann aber nutzt er auch nur einen kleinen Teil seines Gehirns und seiner Sinne. Intuitives und multivariables, nichtlineares Denken, das heißt die der rechten Gehirnhälfte oder dem Hirnstamm zugeordneten Denkweisen, ignoriert das Männliche System und wertet sie ab.

Alle vier Mythen lassen sich in einem einzigen Kernsatz, einem Urmythos, zusammenfassen: *Es ist möglich, wie Gott zu sein,* oder jedenfalls so, wie dieses System sich seinen Gott definiert. Denn wenn das Männliche System das einzig existierende (Realität) ist, wenn es von Natur aus jedem anderen System überlegen ist, wenn es allwissend ist und nur logische, rationale und objektive Werte schätzt, dann ist dieses System sein eigener Gott. Egal, welchen Namen und welche Gestalt er tragen mag: Er ist unfehlbar, allmächtig, allwissend und allgegenwärtig. Er spielt die Hauptrolle des Oberaufsehers.

Von diesem System, das ich Männliches System genannt habe, sind wir umgeben und eingeschlossen, aber wir fühlen uns in ihm nicht »zu Hause«. Denn um darin zu überleben, müssen wir ihm unsere Sprache, unsere Werte, unser Denken und unser Weltbild anpassen. Und wir müssen unsere eigene Realität verleugnen, unsere persönliche Stärke aufgeben, damit wir ein bißchen Anerkennung finden.

Natürlich hat das Männliche System ein Spiegelbild. Es ist ein von Klischees gekennzeichnetes, von außen bestimmtes System, das den Frauen vorgibt, was sie denken, fühlen und tun sollen. Es hat die Rolle der Frauen dahingehend festgelegt, daß diese in gleichem Maße bewußt wie unbewußt das Männliche System und dessen Mythen unterstützen. Vor allen Dingen aber steht die Komplizin des Männlichen Systems auf einem uralten Glaubensgrund: daß es nämlich die *Ursünde, als Frau geboren zu sein,* gibt. Die Frauen im Reaktiven Weiblichen System lernen ihre untergeordnete Stellung als angeboren zu betrachten, und sie glauben, niemand könne sie von diesem Makel befreien, es sei denn, ein von außen kommender Erlöser – der immer ein Mann ist – übernähme diese Aufgabe. Gelingt es einer Frau, einen Mann zu finden, der ihr Existenzberechtigung und Billigung zuspricht, dann ist sie ihre Erbsünde los. Leider funktioniert dies nie, was uns jedoch nicht davon abhält, es stets auf neue zu versuchen.

Doch obgleich eine Frau ihre Existenz niemals durch noch so große Anstrengungen und Mühen rechtfertigen kann, versucht sie dennoch unentwegt, akzeptiert zu werden, indem sie fair ist, die Regeln befolgt, ihre Gefühle unterdrückt und unglaublich viel Verständnis aufbringt.

Das dritte System in ›Weibliche Wirklichkeit‹ nannte ich Aktives Weibliches System. Dieser Name schien mir passend, weil es ein System war, das von Frauen stammte, und zwar von Frauen, die begonnen hatten, ihren eigenen Wahrnehmungen zu trauen. Das Aktive Weibliche System ist nicht starr, sondern wandelbar, wir könnten es als offenes System bezeichnen. Es ist ein im Fluß befindliches, aus Prozessen bestehendes System. Es ist beileibe kein neues System, das uns unbekannt ist; viele Menschen – sowohl Männer als auch Frauen – haben es sich bereits zu eigen gemacht und beschreiben es folgendermaßen: es ist, als käme ich nach Hause, und dort erwarten mich Dinge, von deren Existenz ich immer wußte, die ich jedoch nie in Worte fassen konnte.

›Weibliche Wirklichkeit‹ war ein Buch der Namengebung. Seine Entstehung ist dem Bewußtsein und den Empfindungen von Frauen zu verdanken. Darüber hinaus setzte es einen Kommunikationsprozeß in Gang, der es uns ermöglichte, über das Männliche System, das Reaktive Weibliche System und das Aktive Weibliche System zu sprechen.

Wir alle wissen, daß Unausgesprochenes und Ungenanntes einen beträchtlichen Einfluß auf uns auszuüben vermag. Wenn wir jedoch keine Worte für Dinge oder Vorgänge finden, gelingt es uns nicht, sie direkt anzusprechen und mit ihnen umzugehen. Nehmen wir als Beispiel die Mißhandlung. Erst in den letzten Jahrzehnten nennen wir sie beim Namen. Zwar gab es den »Tatbestand« der Mißhandlung lange zuvor, in funktioneller Hinsicht jedoch existierte er einfach nicht, bis wir ihm dann einen öffentlichen und allgemeingültigen Namen gaben. Doch was war davor? Niemand sprach darüber. Niemand wurde als Täter oder Opfer einer Mißhandlung bezeichnet. Niemand führte Statistiken darüber. Niemand errichtete Frauenhäuser, um die Opfer zu schützen; niemand stellte Gelder für die Erforschung oder die Behandlung dieses »Tatbestandes« zur Verfügung. Sobald dann ein Name vorhanden war, wurde Mißhandlung als Realität in unserer Gesellschaft anerkannt. Jeder einzelne konnte sagen: »Ich bin mißhandelt worden.« Oder: »Ich habe mißhandelt.« Jeder konnte seine Erfahrung aussprechen und sie damit bestätigen.

In ihrem Buch ›The Wizard of Earthsea‹ beschreibt Ursula LeGuin, wie man ein Zauberer wird.[3] Während der sehr langen Probe- und Ausbildungszeit muß der Zaubereranwärter auch eine intensive Lernphase beim sogenannten *Master Namer* durchlaufen, einem Lehrer, der für alle Dinge die *wahren* Namen kennt. Natürlich sind dies nicht die allgemein üblichen, von der Öffentlichkeit verwendeten Namen. Doch wer sie kennt, vermag den Dingen die Macht und den Zauber zu nehmen, die sie vorher auf den Menschen ausübten. Genau das sollten wir mit dem System tun, in dem wir leben.

Tillie Olsen weist in ihrem Buch ›Silences‹ auf die Folgen hin, die unsere Weigerung mit sich bringt, die Realität auszusprechen und eigene Erfahrungen beim Namen zu nennen: Wir werden Komplizinnen eines Systems, das uns unterdrückt.[4] Auf diese Weise gelangen wir nicht in den Besitz unserer Realität und unserer Kraft. Doch mit Hilfe des Aktiven Weiblichen Systems können wir einen Anfang machen.

Nachdem ich das Buch ›Weibliche Wirklichkeit‹ geschrieben hatte, vermochte ich die drei Systeme – das Männliche, das Reaktive Weibliche und das Aktive Weibliche – klarer zu sehen und ihre Beziehungen untereinander besser zu verstehen. Die beiden erstgenannten Systeme sind meines Erachtens nicht voneinander zu trennen; vielmehr stellen sie zwei Aspekte ein und desselben Systems dar. Das eine kann ohne das andere nicht existieren. Das eine unterstützt und festigt das andere und umgekehrt. Beide sind Teile eines unlösbaren Dualismus. Wollen wir den Kreis des Männlichen Systems verlassen, müssen wir uns auch vom Reaktiven Weiblichen System trennen. Würden Frauen ihr Leben im Reaktiven Weiblichen System aufgeben, bräche das Männliche System zusammen. Existiert das eine nicht, muß das andere nicht dasein; um jedoch zu existieren, brauchen sie einander.

Im Gegensatz hierzu ist das Aktive Weibliche System davon vollkommen verschieden. Es steht in keiner Beziehung zu den beiden anderen Systemen, es existiert eigenständig. In ihm zu leben erfordert einen »Paradigmenwechsel«, wie Marilyn Ferguson es in ihrem Buch ›Die sanfte Verschwörung‹ ausdrückte.[5] Das Faszinierende dabei ist, daß trotz der Notwendigkeit dieses Paradigmenwechsels bereits viele Frauen und eine erhebliche Anzahl von Männern ein Wissen und Verständnis von dem haben, was ich als Aktives Weibliches System bezeichne.

Gleichwohl scheint es mir angebracht, einige Gedanken, die ich in ›Weibliche Wirklichkeit‹ formuliert habe, einer neuen Prüfung zu unterziehen. In jenem Buch verglich ich das Aktive Weibliche System mit dem Männlichen System, und ich betonte stets, keines der beiden sei richtig oder falsch, gut oder schlecht – vielmehr seien sie einfach verschieden. Damals hatte ich meine »Gerechtigkeitsphase«. Ich war überzeugt, es gäbe kein richtig oder falsch, vor allen Dingen aber wollte ich fair sein.

Das glaube ich heute nicht mehr. Die beiden Systeme sind nicht nur »einfach verschieden«. Im Gegenteil, während das Aktive Weibliche System das Leben bejaht und fördert, läuft das Männliche System allem Leben zuwider und ist entropisch.

18

In diesem Männlichen System erleiden nicht nur Frauen Schaden; seine zerstörerische Wirkung erfaßt gleichermaßen Männer, Tiere, Pflanzen und unseren Planeten, ja, sie bedroht sogar den Weltraum. Das Männliche System ist lebensfeindlich.

Das Aktive Weibliche System hingegen entscheidet sich für das Leben. Es stellt die Verkörperung eines Zustandes dar, in dem wir uns vollkommen lebendig im weitestmöglichen Sinn spüren. Ein weiteres Problem schienen die Namen zu sein, mit denen ich diese drei Systeme versehen hatte. Von einigen Seiten wurde der Vorschlag an mich gerichtet, ich solle mir doch neue Namen ausdenken. Jeder konnte mir stichhaltige und ehrliche Gründe für die gewünschte Umbenennung aufzählen: Es gibt viele Männer, die nicht in das Männliche System passen; durch die Bezeichnung Aktives Weibliches System fühlen sich Männer vor den Kopf gestoßen; das Aktive Weibliche System ist nicht streng weiblich; einige der glühendsten Verfechterinnen des Männlichen Systems sind Frauen; Begriffe wie *männlich* und *weiblich* sind entzweiend; und so weiter. Jeder Punkt ist wichtig.

Die Verwendung der beiden Wörtchen *männlich* und *weiblich* löste auch die Befürchtung aus, das Aktive Weibliche System fände nicht die Anerkennung und Wertschätzung, die ihm eigentlich zusteht, würde es weiterhin als weiblich bezeichnet. Meiner Meinung nach dürfte dies jedoch nur auf solche Menschen zutreffen, die dem Begriff *weiblich* an sich nichts abgewinnen können – weder als Wort noch als Zustand oder als Name. Für Frauen hingegen war es von großer Bedeutung, daß der Unterschied zwischen ihren Systemen und jenen anderen, in dem sich so viele Männer »zu Hause« fühlen, auch in einem Begriff Ausdruck finden würde. Also war der Name Aktives Weibliches System wichtig, damit Frauen beginnen konnten, ihren eigenen Wahrnehmungen unbeschadet zu trauen und sich in ihrem Anderssein wohl zu fühlen. Ebenso wichtig war die Erkenntnis, daß diese drei Systeme vorhanden waren und sie »männlich« und »weiblich« genannt werden mußten. Jetzt können wir einen Schritt weitergehen.

Es wird Zeit für eine Umbenennung. Was ich einst als Männliches System – Reaktives Weibliches System bezeichnet habe, nenne ich nun das *Suchtsystem*. Dieses System, ich erwähnte es bereits, läuft dem wirklichen Leben zuwider. Das Aktive Weibliche System nenne ich heute das *Lebensprozesse-System*. Diese neuen Konzepte gehen über den Männlich-Weiblich-Dualismus hinaus. Mit ihrer Hilfe können wir herausfinden, welche Folgen eine dem Leben zuwiderlaufende Orientierung für uns alle hat, egal, ob männlich oder weiblich, und ohne Rücksicht auf Rasse und Sexualität.

›Weibliche Wirklichkeit‹ gab uns ein Vokabular an die Hand, das Männer und Frauen verwenden konnten, um unserer Erfahrung und Realität Ausdruck zu verleihen. Dinge wurden nun beim Namen genannt, für die wir noch kurz zuvor keine Worte fanden, wir konnten über sie reden und unsere Macht zurückgewinnen. Nun können wir zur nächsten Stufe der Benennung weitergehen.

Eine persönliche Odyssee

Etwa zu der Zeit, als mein Buch ›Weibliche Wirklichkeit‹ erschien, wurde im Kreis meiner Familie bekannt, daß wir eine Alkoholikerin unter uns hatten. Wir brauchten einige Zeit, dies zu erkennen, weil sie nur selten trank. Und jeder weiß doch, daß Alkoholiker dauernd betrunken sind! Mit fortschreitender Krankheit wurde unser Haushalt zunehmend wirrer, chaotischer und verrückter. Aber wir bemerkten es nicht, so sehr steckten wir in dem System des Alkoholismus.

Wir wollten Kenntnisse auf dem Gebiet des Alkoholismus sammeln, um damit zunächst die Alkoholikerin in unserer Familie bei ihrer Genesung zu unterstützen. Doch was stellten wir fest? Wir alle hatten uns die Krankheit selber zugezogen. Ein alkoholisches System – beziehungsweise jedes Suchtsystem – ist ansteckend, und wer darin lebt, infiziert sich früher oder später. Bei der infizierten Person laufen dieselben Muster und Entwicklungen ab wie beim Alkoholiker.

Plötzlich hatten wir uns nicht nur um ein Familienmitglied und seine Gesundheit zu kümmern; auch wir mußten unser Leben verändern. Wir begaben uns gemeinsam in Therapie.

Mittlerweile hatte ich in meiner Beratungspraxis entdeckt, daß sich unter meinen Klienten mehrere Alkoholiker mit ihren Familien befanden, und es kamen immer mehr dazu. Ich stürzte mich in das Studium des Alkoholismus und anderer Süchte. Ich las Bücher und Broschüren, nahm an Treffen teil, besuchte Vorträge und sprach mit Suchtberatern; ich verglich verschiedene Ansätze, trat selbst als Referentin auf und dachte über meine Erfahrungen nach.

Dabei machte ich eine Entdeckung: Es kam relativ selten vor, daß eine Person nur eine Sucht hatte. Egal, ob es sich um den Süchtigen handelte oder den Menschen, der sich innerhalb eines Suchtsystems bewegte, gewöhnlich war die Sucht nicht auf ein Mittel oder eine Person beschränkt, die den Betreffenden gefangenhielt. Oft waren es sogar Sekundärkrankheiten, welche die typischen Mechanismen der Primärkrankheit »Suchtprozeß« aktivierten.

Mir wurde bewußt, wie vielschichtig jedes einzelne Suchtmerkmal in seiner Ausprägung sein konnte. Auf den ersten Blick schien es offenkundig. Aber das stimmte nicht. Jedes Merkmal hatte viele Facetten und genauso viele Wahrheiten. Im Verlauf der folgenden Jahre lernte ich, diese Charakteristika klarer zu erkennen, und ich stellte immer öfter fest: »Das sieht dem Männlichen System sehr ähnlich.«

Tatsächlich ertappte ich mich so oft bei dieser Aussage, daß ich schließlich wieder auf meine sogenannte »Topf-Deckel«-Theorie zurückverfiel: Das Suchtsystem und das Männliche System paßten zusammen wie der Deckel auf den Topf. Beide liefern sich gegenseitige Unterstützung, wobei das Männliche System die Sucht benutzt, um sein Fortbestehen zu sichern. Sucht macht uns Angst, sie läßt uns den Kontakt zu unserer Realität verlieren, und sie beschäftigt uns so sehr, daß uns keine Zeit mehr bleibt, das System in Frage zu stellen. Kein Wunder also, daß sie im Männlichen System bereitwilligste Anerkennung findet.

Dann folgte ein Lernschritt, den ich nur widerwillig vollzog. Nachdem ich mich eine Zeitlang ständig hatte wiederholen hören: »Das ist genau wie im Männlichen System«, sah ich mich gezwungen zuzugeben, daß beide Systeme gleich sind. Sie leisteten sich nicht bloß gegenseitig Unterstützung, sie waren darüber hinaus ein und dasselbe. Es gab keinen Unterschied zwischen ihnen. Das Männliche System war das Suchtsystem; das Suchtsystem war das Männliche System.

Doch warum hatte ich mich gegen diese Einsicht gewehrt? Der Grund war einfach: Solange ich mir einreden konnte, daß beide Systeme zwar Ähnlichkeiten aufwiesen, Unterschiede jedoch vorhanden waren, brauchte ich mich dem Problem in seiner ganzen Tragweite nicht zu stellen. Ich konnte mit der Behandlung von Alkoholikern fortfahren, »Pflaster« auf die Suchtwunden kleben und beruhigt an der Verschiedenheit festhalten. Das Männliche System, es war weder gut noch schlecht. Traf es jedoch zu, daß kein Unterschied existierte, dann war meine Auseinandersetzung mit dem System als Ganzem gefordert, und ich durfte nicht länger »brav« in der Komplizenschaft verharren, die ich mit dem Männlichen System eingegangen war.

Das war eine überwältigende Erfahrung. Demnach war das ganze System zu verändern. Es *mußte* sich verändern und und gesund werden. Mit eigenen Augen hatte ich gesehen, wie schwer der Genesungsprozeß für den Alkoholiker und die Alkoholikerfamilie war. Was würde es dann erst einer ganzen Gesellschaft abverlangen, sich von der Sucht zu befreien?

Zur selben Zeit übertrug ich diesen Gedanken auf unsere politische Kultur. Auch sie ließ sich als Suchtsystem begreifen. Die Anzeichen waren mit denen eines Alkoholikers identisch, nur äußerten sie sich auf einer weitaus größeren Skala. Diese Vorstellung machte mir angst. Welche verschwommenen Formen der Verstand und das Denkvermögen eines Süchtigen annehmen konnte, wußte ich ja bereits; daß jedoch den Entscheidungen, die zum Besten unserer Nation getroffen werden, dasselbe unklare Suchtdenken zugrunde liegen könnte, diesen Gedanken verabscheute ich.

An dieser Stelle spreche ich nicht nur über den Alkoholismus oder die Drogenabhängigkeit unserer führenden Köpfe in Politik und Justiz, die immer öfter in den Blickpunkt der Öffentlichkeit geraten. Hier ist die Rede von einem ganzen System, in dessen Kern Elemente wie wirres, alkoholisches Denken (die Anonymen Alkoholiker bezeichnen es als *stinkin' thinkin'*: »verdrehtes Denken«*), Unehrlichkeit, Selbstbezogenheit, Abhängigkeit und Kontrollbedürfnis zu finden sind. Menschen, die innerhalb eines Suchtssystems leben und arbeiten, sind durch diese Merkmale geprägt, auch wenn sie persönlich keinen Mißbrauch mit Alkohol und Drogen treiben. Doch wenn diese Merkmale bereits eine Gefahr für den einzelnen darstellen, dann vergegenwärtigen Sie sich einmal, welch tödliche Wirkung sie haben mögen, wenn sie ein gesamtes System durchziehen. Nehmen wir den Bereich der Abhängigkeit von chemischen Substanzen: Allein schon die Zahlen über das Ausmaß des Alkoholismus sind hier erschreckend. Bei meinen Untersuchungen zur Co-Abhängigkeit – sie stellt eine unter vielen Einzelkrankheiten des Suchtprozesses dar – bin ich auf Statistiken gestoßen, die einen schockierend hohen Grad an Co-Abhängigkeit in unserer Gesellschaft belegen. Sharon Wegscheider-Cruse beispielsweise, eine Pionierin auf dem Forschungsgebiet der Co-Abhängigkeit, definiert Co-Abhängige als »alle Personen, die erstens einen Alkoholiker lieben oder mit einem solchen verheiratet sind, zweitens einen oder mehrere alkoholsüchtige Elternteile oder Großeltern haben oder drittens in einer emotional repressiven Familie aufgewachsen sind«. Nach Wegscheider-Cruse trifft dies auf annähernd 96 Prozent der Bevölkerung zu. Co-Abhängigkeit, sagt ein anderer Experte, Dr. Charles Whitfield, »wirkt sich nicht nur auf Individuen aus, sondern auch auf Familien, Gemeinschaften, Betriebe und andere Institutionen, Staaten und Länder«. Der Autor von ›Stage II Recovery‹, Earnie Larson, nennt eine Zahl von zehn bis fünfzehn Millionen Alkoholikern in dieser Gesellschaft, von denen jeder zwischen zwanzig und dreißig Personen direkt und nachteilig beeinflußt. Legen wir seine Zahlen zugrunde und lassen Überschneidungen unberücksichtigt, dann bedeutet dies, daß die Zahl der Co-Abhängigen in den Vereinigten Staaten die der Gesamtbevölkerung übersteigt. Larson und Wegscheider-Cruse definieren Co-Abhängigkeit dahingehend, daß sie die Mehrheit der Bevölkerung in den Vereinigten Staaten umfaßt.

Während ich noch das Ausmaß meiner gewonnenen Einsichten zu begreifen suchte, verhalf mir eine meiner Klientinnen zu einer weiteren Erkenntnis. Das Problem erhielt dadurch eine neue Dimension.

---

* In der Übersetzung dieses Buches: »kaputtes Denken«.

Sie hatte sich mit einer Reihe von psychologischen Themen befaßt und vor kurzem begonnen, an ihrer Nikotin- und Beziehungssucht zu arbeiten. Eines Tages kam sie zu ihrer Sitzung und verkündete: »Wissen Sie, Anne, all die Abhängigkeiten, mit denen wir uns beschäftigt haben – Alkohol, Drogen, Nikotin, Essen, Beziehungen, Sex und so weiter –, dies alles sind Sekundärkrankheiten.«

»Sehr interessant«, erwiderte ich etwas verblüfft. »Könnten Sie mir das vielleicht näher erklären. Ich fürchte nämlich, bei den Anonymen Alkoholikern würden Sie mit dieser Aussage auf Widerspruch stoßen, denn sie behaupten, daß Alkoholismus eine Primärkrankheit ist, die zum Tod führt.«

»Jede Sucht endet tödlich«, sagte sie. »Selbst in einer Beziehungssucht bringt uns der Streß um. Ich bin trotzdem sicher, daß dies alles Sekundärkrankheiten sind.«

Dann fuhr sie fort. Im Suchtsystem, erklärte sie, fühlten wir uns machtlos und unlebendig. Unser Leben werde zunehmend von diesen beiden Gefühlen abhängig; sie seien die Primärsüchte, und alle Sekundärkrankheiten führten zu ihnen hin.

Ich fragte sie nach einem Beispiel. Sie sei, erzählte sie daraufhin, in den Südstaaten groß geworden und im fundamentalistisch-christlichen Glauben erzogen worden. Ihr Zuhause und ihre Kirche waren die grundlegenden, formenden Einrichtungen ihrer Kindheit. Wann immer sie an einem dieser Orte »lebendig« war – glücklich, laut, energiegeladen, aufgeregt, ausgelassen, sexuell erregt –, wurde sie als »böses Mädchen« gescholten. Aber sobald sie »tot« und unlebendig war –, ruhig, krank, bedrückt und ohne jedes Zeichen von »Leben« –, hieß es, sie sei ein »braves Mädchen«. Bald hatte sie gelernt, daß es schlecht war, lebendig zu sein, gut jedoch, wenn sie es nicht war. Wollte sie in ihrer Umwelt akzeptiert werden, mußte sie die Macht-und Kraftlose spielen und durfte nicht stark und lebendig sein. Das erinnerte mich an eine meiner Bekannten. Bei den Studien für ihre Dissertation war ihr aufgefallen, daß ein Großteil romantischer Dichtkunst aus Oden bestand, die toten Jungfrauen gewidmet sind. Das paßte zu der Lebensgeschichte meiner Klientin. Die ideale Frau ist die tote Jungfrau. Sie ist weder sexuell noch lebendig.

Allmählich ergaben die Teilaspekte ein Gesamtbild, ich brauchte nur noch einige hinzuzufügen. Wer von uns mit Süchtigen arbeitet, weiß, der allererste Schritt für eine Genesung fordert die Entscheidung über Leben oder Tod. Jede Art von Sucht *ist* tödlich, früher oder später. Wenn ein Süchtiger gesund werden will, wird er sich für das Leben entscheiden.

Wer sich mit der Behandlung von Süchten befaßt, weiß jedoch auch, daß mit der Entscheidung gegen den Tod nicht die für das Leben einhergeht. Das ist eine vollkommen andere Entscheidung.

Unser dualistisches Denken läßt uns glauben, Neinsagen zu einer Sache sei gleichzusetzen mit deinem Ja für die andere. Doch das ist nicht der Fall.

Letztendlich können wir unter drei Kombinationen die Wahl treffen, wovon die erste in gewisser Hinsicht die einfachste ist. Wir können uns erstens gegen das Leben entscheiden und zweitens den Tod wählen. Normalerweise ist die Folge dann der Selbstmord oder der Tod durch die Sucht.

Die zweite Kombination wird in unserem System selten gewählt. Wir können uns erstens gegen den Tod entscheiden und zweitens das Leben wählen. Dies erfordert einen Systemwechsel.

Wir können uns jedoch auch erstens gegen den Tod entscheiden und zweitens gegen das Leben. Diese Entscheidung ist gleichbedeutend mit der totalen Anpassung an das Suchtsystem und seiner Anerkennung – gleichwohl wird sie am häufigsten getroffen.

Überall um uns herum finden wir Menschen, die nicht leben und nicht sterben wollen. Sie sind richtige Zombies: lebende Tote. Sie fühlen sich wohl in den sinnlosen Jobs des Systems. Sie wählen nicht den Tod. Und da sie vom System zu dessen Aufrechterhaltung gebraucht werden, vermögen sie sich auch gut einzupassen. Doch was ist mit jenen, die das Leben wählen? Zunächst einmal können sie das System in seinem gegenwärtigen Zustand nicht länger unterstützen. Das hat zur Folge, daß sie viele der Lebensmittel aus unseren Supermärkten nicht genießen können, die Luft der meisten unserer Städte nicht einatmen, die Verschmutzung unseres Grundwassers durch toxische Stoffe nicht hinnehmen können. Sie dürfen sich auch nicht zurücklehnen und den nuklearen Holocaust abwarten. Im Suchtsystem müssen wir unter diesen Bedingungen leben, und – mehr noch – wir müssen sie als zum Leben gehörend hinnehmen, da sie gleichzeitig Teil des süchtigen, lebensfeindlichen Systems und folglich »Realität« sind.

Fast allen Süchtigen flößt der Gedanke an das Leben – und darunter verstehe ich volles, ausgefülltes Leben – weitaus mehr Angst ein als der Gedanke an das Sterben oder an ein halbes, freudloses Leben. Süchtige haben ein starkes Kontrollbedürfnis, und ihr Suchtzustand vermittelt die Illusion, sie verfügten über Kontrolle (sie haben ja auch wirklich die Kontrolle über ihr Nicht-lebendig- und Nicht-tot-Sein). Ein ausgefülltes Leben dagegen erscheint ihnen so, als hätten sie die Kontrolle verloren, und dieses Gefühl wird als unerträglich erlebt.

Im Suchtsystem sind wir aufgefordert, uns in der eigenen Leblosigkeit gemütlich, aber suchtfördernd, einzurichten. Eine Sucht läßt uns stumpf werden, sie blockiert Einsichten, die unser scheinbares Gleichgewicht ins Wanken bringen könnten, und sie beschäftigt uns fortwährend, so daß wir das System nicht anzweifeln. Aus diesem Grund braucht das System die Sucht.

Vielleicht ist es für Sie inzwischen auch keine Frage mehr: Das Männliche System ist das Suchtsystem, und umgekehrt entspricht das Suchtsystem dem Männlichen System. Wenn wir die Gesellschaft, in der wir leben, nur ein wenig mögen, dann müssen wir bereitwillig der Tatsache ins Auge sehen, daß sie an einer Krankheit leidet. Es ist wie beim Alkoholiker: Nicht etwa die Gesellschaft ist schlecht und will gut werden. Sie ist krank und will gesunden.

Früher wurden Süchtige als schlechte und willensschwache Menschen angesehen. Ein solches Suchtverständnis ist längst überholt und dient einzig dem Versuch, die Realität zu ignorieren und die Probleme zu verkleistern. Diese »Nettigkeit« hat viele Süchtige das Leben gekostet, die hätten gesund werden können.

Hilfe leisten bedeutet, sich der Krankheit des einzelnen zu stellen, es bedeutet auch, der Krankheit des Systems entgegenzutreten. Doch so weit sind wir nicht. Im Augenblick hat die Sucht die Kontrolle über das Individuum. Sie hat sie ebenfalls über die Gesellschaft.

Definitionen

Im folgenden Abschnitt möchte ich Ihnen die Bedeutung einiger Begriffe näher erläutern. Das ist notwendig, da sie in allen weiteren Kapiteln ständig wiederkehren.

Sucht

Sucht ist jeder Prozeß, über den wir machtlos sind. Wenn wir Dinge tun und denken, die im Widerspruch zu unseren Werten und Vorstellungen stehen, und unsere Verhaltensmuster einen immer zwanghafteren Charakter annehmen, dann hat sie die Kontrolle über uns gewonnen. Ein sicheres Anzeichen von Sucht ist das unvermittelte Bedürfnis, uns selbst und andere zu täuschen – zu lügen, zu leugnen und zu vertuschen. Sucht ist alles, worüber wir *versucht* sind, zu lügen. Sucht ist alles, was wir nicht *bereit* sind, aufzugeben (möglicherweise *müssen* wir es gar nicht aufgeben *und* trotzdem doch die *Bereitschaft* dazu *zeigen*, um von der Sucht freizukommen).

Wie jede ernst zu nehmende Krankheit verläuft die Sucht fortschreitend, und sie führt zum Tod, wenn wir uns nicht rechtzeitig um unsere Genesung bemühen. Anhand einiger Beispiele möchte ich Ihnen zeigen, auf welche Weise die Sucht den Menschen beeinträchtigt und wie sich dies auch auf kultureller Ebene niederschlägt.

Eine Sucht legt über unsere Gefühle und Wahrnehmungen einen Schleier. Zorn, Schmerz, Depression, Verwirrung, aber auch Freude und Liebe – die Sucht erspart uns den Umgang mit solchen Empfindungen, da wir sie nicht oder nur gedämpft spüren. Wenn wir süchtig sind, hören wir auf, unserem Wissen und unseren Sinnen zu trauen. Entscheidend sind plötzlich unsere verwirrten Wahrnehmungen, von ihnen erwarten wir Auskunft über unser Denken und Fühlen. Mit der Zeit tötet dieser Mangel an innerem Empfindungsvermögen auch unsere inneren Prozesse ab, was uns wiederum gestattet, der Sucht verhaftet zu bleiben. Irgendwann müssen wir uns dann für die Genesung entscheiden, um das Fortschreiten der Sucht aufzuhalten. Tun wir es nicht, gehen wir an ihr zugrunde. Allerdings ist dieser tödlich endende Prozeß nicht auf die persönliche Ebene beschränkt: Er befällt auch sämtliche Organe unserer Kultur.

Haben wir erst den Kontakt zu uns selber verloren, verlieren wir ihn auch zu anderen Menschen und zu unserer Umwelt. Eine Sucht schwächt und entstellt unsere sinnlichen Wahrnehmungen. Informationen gelangen nicht mehr klar zu uns; wir verarbeiten sie nicht sorgfältig; und weder reagieren wir auf sie, noch antworten wir ihnen präzise. Da wir den Kontakt zu unserem Selbst verloren haben, präsentieren wir der Umwelt ein verzerrtes Bild von uns – in den Worten der Anonymen Alkoholiker »täuschen« wir die Menschen –, und schließlich verlieren wir die Fähigkeit, mit anderen vertraut zu werden. Dies gelingt uns sogar mit denjenigen nicht mehr, die uns am nächsten stehen und die uns am liebsten sind.

Zwar ist uns bewußt, daß irgend etwas sehr falsch läuft, aber unser durch die Sucht verzerrtes Denken sagt uns, daß es ja vielleicht gar nicht an uns liegt. Diese Denkweise verleitet uns zu glauben, daß wir nichts richtig machen können und wir jemand anderen brauchen, der alles an unserer Stelle tut.

Wenn das nicht klappt (und das tut es nie), weisen wir dieser anderen Person die Schuld für alles Unglück zu. (Auf die gesellschaftliche Ebene übertragen, bedeutet das, wir glauben, daß nicht wir die Unruhen in der Welt verursachen. Wenn bloß die anderen sich anständig verhielten, *müßten* wir nicht zurückschlagen.) Eine Sucht befreit uns von der Verantwortung für unser Leben. Wir setzen voraus, daß irgend jemand – oder irgend etwas – vom Himmel schwebt, um alles zurechtzubiegen, oder uns zumindest hilft, mit unserem Durcheinander klarzukommen. Da Süchtige abhängig sind und ihre Rolle ihnen mit der Zeit

Gefühle von Ohnmacht und wachsendem Unwohlsein vermittelt, ist ihnen der Gedanke unvorstellbar, sie könnten die Verantwortung für ihr Leben tragen.

Je länger wir auf unsere Rettung warten, desto schlimmer wird die Sucht. Egal, wovon wir abhängig sind, es kostet uns zunehmend Mühe, die gewünschte Wirkung zu erreichen, und haben wir sie erlangt, dann brauchen wir mehr.

Süchte werden normalerweise in zwei Kategorien unterteilt: die substanzgebundenen Süchte und die prozeßgebundenen Süchte. Beide funktionieren im wesentlichen gleich und bewirken im wesentlichen die gleichen Resultate. Auch wenn ich jede Sucht einzeln beschreiben werde, sollten wir uns zwei Dinge stets vergegenwärtigen: Süchte gehören in unserer Gesellschaft zum Alltag, und die Betroffenen haben meist mehrere Süchte. Auch wenn nicht alle Süchte gleich schwerwiegend sind, weisen sie doch ähnliche Dynamiken und Prozesse in bezug auf das Verhalten der von ihnen Betroffenen auf – und sie führen zum Tod.

Substanzgebundene Süchte

Zu dieser Gruppe gehören alle Süchte, bei denen die Abhängigkeit von einer bestimmten Substanz vorliegt, die normalerweise künstlich bearbeitet oder hergestellt wurde und dem Körper vorsätzlich zugeführt wird. Diese Substanzen haben fast immer eine stimmungsverändernde Wirkung und führen zu einer zunehmenden körperlichen Abhängigkeit.

Alkohol

Vielleicht ist Alkoholismus die alltäglichste Form der chemischen Abhängigkeit; zumindest ist sie die am gründlichsten erforschte. Suchttherapeuten sprechen von einer »Primärsucht«, einer Krankheit, die früher oder später zum Tod führt, läßt man sie ungehindert fortschreiten.

Aber wie und wann beginnt der Alkoholismus? Niemand weiß es genau, obwohl in Kreisen der Anonymen Alkoholiker behauptet wird, ein Alkoholiker sei längst ein Alkoholiker, bevor er den ersten Schluck genommen hat. Nur soviel ist gewiß: An irgendeinem Punkt beginnt der Alkoholiker, den Alkohol zu mißbrauchen; er trinkt mit der gezielten Absicht, seine Stimmungslage zu ändern, und/oder weil er seinen Gefühlen und Gedanken entgehen will. Was vielleicht einmal gelegentlicher Gebrauch war, verwandelt sich in Mißbrauch. Und der Mißbrauch verwandelt sich in Sucht.

Drogen

In unserer drogenseligen Gesellschaft gibt es unzählige Anlässe, die jemanden dazu bringen, zur Droge zu greifen: Man möchte Schmerzen und Sorgen lindern, Angst unterdrücken oder die Realität in ein besseres Licht rücken.

Jede stimmungsverändernde Droge trägt ein suchterzeugendes Potential in sich. Viele Menschen glauben zwar, nur illegale Drogen – Heroin, Marihuana, Kokain, Aufputsch- und Beruhigungsmittel – seien gefährlich; tatsächlich aber können verschreibungspflichtige Drogen wie Valium, Librium und Empirin ebenso süchtig machend wirken. Auch hier kann der Punkt kommen, an dem sich Gebrauch in Mißbrauch verwandelt.

Jede Droge, die mit der gezielten Absicht eingenommen wird, eine Stimmung zu ändern und/oder den eigenen Gefühlen davonzulaufen, kann zur süchtig machenden Substanz werden, ganz egal, welchem Zweck sie ursprünglich gedient haben mag.

Nikotin und Koffein

Nikotin und Koffein richten uns nicht in dem Maße zugrunde (zumindest am Anfang nicht) wie Alkohol und Drogen, aber auch sie machen süchtig, körperlich und seelisch.

Im wesentlichen werden Nikotin und Koffein mit derselben Absicht benutzt wie jede andere, von außen zugeführte chemische Substanz auch: um einer »Sache die Schärfe zu nehmen«, um »Dinge zu unterdrücken«, um »Schwung zu kriegen«, anders formuliert, um Stimmungen zu ändern und Gefühle zu ersticken. Da ihre tödliche Wirkung erst langfristig auftritt und sie auf subtilere Art in selbstzerstörerische und unsere zwischenmenschlichen Beziehungen schädigende Verhaltensmuster übergehen, wurde ihnen bisher weniger Beachtung geschenkt. Doch allmählich ändert sich das öffentliche Bewußtsein in dieser Hinsicht.

Alkohol, Drogen, Nikotin und Koffein sind wohl die bekanntesten suchterzeugenden Substanzen, aber sie sind nicht die *einzigen*. Es gibt eine ganze Reihe von Stoffen, die wir äußerlich einnehmen und deren Wirkung derjenigen von stimmungsverändernden chemischen Substanzen sehr ähnlich ist. Zucker kann uns den gewünschten »Kick« geben oder Salz. Selbst Essen kann zum Problem werden.

Nahrung

Wenn Gebrauch zu Mißbrauch wird, kann auch Essen als süchtig machende Substanz dienen. Der Eßvorgang wird zwanghaft und gerät außer Kontrolle. Auch das ist ein Weg, auf dem wir die Verantwortung für uns umgehen können.

Die Behandlung von Eßsüchtigen gestaltet sich besonders schwierig, da die Nahrungsaufnahme ein unabdingbarer Bestandteil des Lebens ist und der betreffende Süchtige nicht einfach auf sein Essen verzichten kann, um gesund zu werden. Noch komplizierter wird dieser Sachverhalt durch die Tatsache, daß es verschiedene Arten von Eßsucht gibt. Eßsucht selbst mag die am weitesten verbreitete sein, aber in den vergangenen Jahren tauchten zwei weitere Formen immer häufiger auf. Anorexie (Magersucht) und Bulimie (Eß-Kotz-Sucht). Man kann süchtig danach sein, zu essen, nicht zu essen oder aber Riesenmengen zu verschlingen mit dem anschließenden, verzweifelten Versuch, sie loszuwerden.

Eßsüchtige Menschen verwenden Formulierungen wie, daß sie mit ihrem unmäßigen oder ablehnenden Eßverhalten »begraben« wollen, was in ihnen vorgeht, und daß sie ihre Gefühle »vollzustopfen« suchen. Essen (oder das Meiden von Essen) dient als »Heilmittel« gegen Ärger, Depressionen, Angst, Unruhe und andere unangenehme Gefühle – ebensogut aber für angenehme. Viele zwanghafte Esser peilen den Kühlschrank an, sobald sie sich zu wohl oder zu »lebendig« fühlen.

Prozeßgebundene Süchte

Unter diese Kategorie fallen alle Süchte, bei denen ein Prozeß – eine ganz bestimmte Abfolge von Handlungen und Interaktionen – in die Abhängigkeit führt. Nahezu jeder Prozeß vermag als suchterzeugender Mittler zu dienen; die von mir beschriebenen stellen nur einige Beispiele dar.

Geldhorten

In unserer Kultur hat der Prozeß des Geldhortens oft eine süchtig machende Wirkung. Es ist ein Prozeß, der krankhafte Züge annehmen kann und der wie jede andere Sucht progressiv ist. Wir brauchen mehr und mehr, um unseren »Kick« zu erreichen, doch keine Summe reicht aus, um das gewünschte Ziel zu erlangen.

Wer diesem Prozeß verhaftet ist, benutzt ihn, um menschliche Gefühle – seien es die eigenen oder die von anderen – nicht aufkommen zu lassen. Geldsüchtige suchen die Lösung draußen in der Welt und nicht in sich selbst. Oft geht es ihnen gar nicht ums Geld an sich; ihr Antrieb, Geld zu horten, liegt vielmehr in dem Vorgang selbst und den damit verbundenen Begleiterscheinungen.

Spielen

Ganz ähnlich verhält es sich mit der Spielsucht. Der Prozeß selber ist wichtiger als der Gewinn oder das Geld.

Auch hier gilt wie bei allen Süchtigen: der zwanghafte Spieler benutzt seine Sucht, um innere Gefühle zu unterdrücken. Sein Leben gleitet zusehends ins Chaos. Spielen zerstört zwar nicht den Körper, wie etwa Alkohol, aber die zwanghafte Wiederholung des Spielprozesses vermag gleichermaßen ein Leben zu ruinieren und Verwüstungen in Beziehungen anzurichten. Spielen ist genauso suchterzeugend wie Alkohol.

Sexualität

Sex wurde in jüngster Zeit immer häufiger als süchtig machender Prozeß erkannt. Es scheint, als benutzten Menschen den Sexualkontakt nicht, um Nähe zu ihrem Partner zu finden, sondern um an ihren »Kick« zu kommen.

Für viele Paare, die bei mir in Therapie sind, bedeutet »genug Sex bekommen« nichts anderes als den Versuch, Spannungen und Gefühle zu vermeiden. Sie benutzen Sex (und den Partner), um ihren eigentlichen Problemen aus dem Weg zu gehen. In manchen Fällen sind die Partner der Ansicht, Sex sei etwas, das ihnen »zustünde« und das ihnen der andere »schuldig sei«. Für den Sexsüchtigen erfüllt Sex denselben Zweck wie der Drink für den Alkoholiker oder die Droge für den Drogensüchtigen, und wie bei diesen sind die sich entwickelnden Triebkräfte im Hinblick auf die Persönlichkeit gleich.

Arbeitssucht

Über Arbeitssucht ist viel geschrieben worden. Heute wissen wir, daß Arbeit – die im Grunde genommen eine wichtige Ausdrucksform der Persönlichkeit des einzelnen sein kann – ebenso krankhafte Züge annehmen und als negativer Prozeß verlaufen kann.

Wenn wir von Arbeit besessen sind, entwickeln wir zwanghafte Verhaltensmuster, die uns schaden und zugrunde richten können. Ob Geldhorten, Spielen oder Sex, der Akt an sich (arbeiten) verliert – wie bei jeder in Prozessen verlaufenden Sucht – seine ihm innewohnende Bedeutung. Doch auch wenn die Grenze zwischen einfacher Überarbeitung und der ungesunden Abhängigkeit von Arbeit recht schmal ist, können wir sehr wohl feststellen, wenn sie überschritten ist. Dann erfüllt Arbeit nur noch den Zweck, innere Gefühlsregungen und die anderer auszuschalten.

Religion

Auch Religion kann zur Sucht werden. Bitte verstehen Sie mich richtig: Ich spreche nicht von Menschen, die religiös oder spirituell *sind*. Meine Sorge gilt vielmehr den »Schnellschuß«-Religionen, solchen also, die besinnliches Gebet, Meditation und Dialog ausschließen und trotzdem behaupten, auf alles eine Antwort parat zu haben.

Der Religionssüchtige unterscheidet sich sehr deutlich von einer Person, die sich mit ihrer spirituellen Weiterentwicklung beschäftigt. Wer von einer Religion abhängig ist, verliert seine persönlichen Wertvorstellungen und entwickelt an deren Stelle Verhaltensweisen, die denen von Alkoholikern oder Drogensüchtigen gleichen – rigides Urteilen, Unehrlichkeit und Kontrollbedürfnis. Auch hier gilt: Gebrauch verwandelt sich in Mißbrauch.

Sorgen

Eine Klientin von mir brachte mich auf die zunächst ungewöhnliche Idee, daß auch Sorgen zu den in Prozessen verlaufenden Süchten gezählt werden können. In ihrem Fall war dies offenkundig.

Wir stellten gemeinsam eine »Sorgenliste« auf, die im Laufe der Zeit beängstigend anwuchs. Jedes Eckchen von jedem Problem erschloß ihr neue und ergiebige Möglichkeiten. Sie sorgte sich, wenn es ihr schlechtging und wenn es ihr gutging (schließlich konnten die guten Gefühle ja jederzeit verschwinden!). Sie sorgte sich, daß sie nicht genug Geld hätte (sie besaß eine ganze Menge), fühlte sich andererseits jedoch schuldig mit dem Geld, das sie besaß (andere Menschen mußten verhungern!).

Ihre Hauptsorge aber galt der Liebe. Sie fürchtete, es würde sich niemand finden, der sie lieben könnte, und daß sie somit bis an ihr Lebensende allein bleiben würde. Suchte dann irgend jemand ihre Nähe, bekam sie Angst vor zu großer Vertraulichkeit und Intimität (man würde sie verschlingen!). Dann wiederum bereitete es ihr Kopfzerbrechen, ob sie einen anderen Menschen überhaupt »richtig« lieben könnte und ob sie ihrerseits »richtig« zurückgeliebt würde. Und was, wenn jemand ihre Verletzlichkeit entdeckte? Würde die Liebe dann entschwinden oder nicht? Und was dann? Würde sie damit fertig werden?

Sobald sie keinen speziellen Anlaß für ihre Besorgnis hatte, fühlte sie sich verloren und begann, nach einem »Sorgenkick« Ausschau zu halten. Einmal fragte ich sie, was geschehen würde, wenn sie keine Sorgen mehr hätte, und sofort äußerte sie besorgt, möglicherweise bald einen »alten Freund« zu verlieren. Allmählich wurde uns bewußt, daß ihre stetige Suche nach Sorgen und Problemen die Form eines Suchtprozesses angenommen hatte, der sich verselbständigt hatte und alle Merkmale einer Sucht aufwies. Der Inhalt – die ihren einzelnen Sorgenanfällen zugrundeliegenden Anlässe – spielte im Vergleich zum Akt des Sorgens an sich nur noch eine unbedeutende Nebenrolle.

Vielleicht ist Ihnen inzwischen deutlich geworden, daß nahezu alles, ob nun eine chemische Substanz oder ein Prozeß, suchterzeugend wirken *kann*. Fernsehen kann genauso zur Sucht werden wie Jogging. Andererseits möchte ich betonen: Nichts *muß* zur Sucht werden; möglicherweise ist sogar das ganze System, das sich in Verbindung mit einer spezifischen Sucht entwickelt, wichtiger als die spezifische Sucht selbst.

Nun leben wir in einer Suchtgesellschaft, die uns Versuchungen aller Art bietet. Die Gesellschaft braucht Süchte, damit sie fortbestehen kann. Aber es stehen uns auch andere Möglichkeiten offen (und ich hoffe, Ihnen einige in diesem Buch aufzuzeigen). Bevor wir uns ihnen zuwenden, müssen wir jedoch unsere gegenwärtige Situation verstehen lernen.

System

Ein System ist eine Abfolge von Inhalten und Prozessen, das in seiner Gesamtheit mehr ergibt als die Summe seiner Teile.

Es führt ein Eigenleben, das sich von den Leben der in ihm existierenden Individuen unterscheidet. Gleichzeitig löst es bestimmte, charakteristische Verhaltensmuster und Prozesse in jenen Individuen aus.

Suchtsystem

Ein Suchtsystem ruft Suchtverhalten hervor, und der einzelne beginnt, sich auf einen Suchtprozeß einzustellen.

Ein Suchtsystem ist ein *geschlossenes* System, weil die in ihm lebenden Individuen nur begrenzte Möglichkeiten hinsichtlich der Rollen haben, die sie einnehmen, und der Wege, die sie einschlagen könnten.

Beziehungssucht als Modell für das Suchtsystem

Als ich begann, diese Konzepte in der Arbeit mit meinen Klienten zu verwenden, wurde schnell deutlich, daß ich ein Modell für das Suchtsystem benötigte, ein Modell, das sämtliche oder zumindest die meisten Merkmale dieses Suchtsystems zeigen würde und sodann als Bezugspunkt und Erklärungsmuster dienen konnte.

Verständlicherweise reagieren viele Menschen empfindlich, wenn sie mit Alkoholikern und Drogensüchtigen verglichen werden, obwohl sie mit diesen eine ganze Reihe von Merkmalen, Prozessen, Problemen und Reaktionen teilen, schon aus dem einfachen Grund, weil sie im Suchtsystem leben. Diese unbewußte Angst vor der Sucht hätte möglicherweise das Verständnis der Krankheit behindern können. Aus diesem Grund war es notwendig, einen weniger abschreckenden Ansatz zu wählen.

Inzwischen hatte ich mich eingehend mit Beziehungssucht befaßt. Ich selbst konnte in dieser Hinsicht auf einige Erfahrungen zurückblicken, und ich kannte kaum jemanden, dem das nicht ebenso erging. Je mehr ich über süchtige Beziehungen erfuhr, desto klarer wurde mir, wie sehr sie in unserer Gesellschaft die Norm darstellen. Jeder von uns geht zu irgendeiner Zeit eine Beziehung mit einem Menschen ein, und diese Beziehungen enden oft in der Sucht.

Hier hatte ich mein Modell. Beziehungssucht war etwas, das ich am eigenen Leib gespürt hatte; ich hatte Erfahrung mit ihr, war den Symptomen in meinen eigenen Beziehungen nachgegangen und hatte an meiner Genesung gearbeitet. Und ich hatte mehrere beziehungssüchtige Klienten behandelt.

Dieses Modell erwies sich – wie ich gehofft hatte – in meiner Praxis als hilfreich. Sobald meine Klienten bestimmte Qualitäten und Merkmale in ihren Beziehungen als suchterzeugend identifizieren konnten, vermochten sie die Sucht als solche besser zu verstehen. Gleichzeitig erkannten sie, daß jede Sucht von annähernd gleichen Triebkräften und Merkmalen bestimmt wurde. In unserem Kulturkreis sind Suchtbeziehungen die Regel. Es sind »Klammer«-Beziehungen. Die beiden in sie verstrickten Personen sind der Überzeugung, ohne einander nicht mehr auskommen zu können. Sie verstehen sich als halbierte Menschen, die zusammenbleiben müssen, damit daraus ein ganzer Mensch wird. Sie treffen ihre Entscheidungen wie zwei Tandemfahrer. Sie atmen synchron.

Von einem frühen Alter an lehrt man uns, die Suchtbeziehung bei einem anderen Namen zu nennen: wahre Liebe. Unter wahrer Liebe verstehen wir, wenn ein Mensch ohne den anderen nicht mehr leben, vielleicht sogar überleben kann. Wir haben ebenfalls sehr früh gelernt, daß echte »Sicherheit« (ein statisches, nicht-prozeßhaftes Konzept) nur zu finden ist, indem wir eine solche gegenseitige Abhängigkeit einrichten. Wenn wir an Frauen denken, fällt uns der Begriff Abhängigkeit ein, und tatsächlich sind Frauen darauf programmiert, nach suchterzeugenden Beziehungen zu suchen und darin aufzugehen. Unglücklicherweise beschränkt sich eine solche Beziehung niemals auf eine abhängige Person. Zu einer Suchtbeziehung gehören mindestens zwei, und sie kann nur bestehen, wenn beide willens sind, in das Suchtsystem einzusteigen und darin zu leben.

Suchterzeugende Beziehungen können große Macht über und eine äußerst verführerische und fast unwiderstehliche Wirkung auf uns ausüben. Manche Menschen wählen sie bewußt, manche hingegen scheinen völlig unbewußt in sie hineinzuschlittern. In ›Weibliche Wirklichkeit‹ sprach ich über das sogenannte »amerikanische Märchen«: die perfekte Ehe. Diese Ehe trägt zwei Gesichter, ein offizielles und ein privates.

Nach außen hin – mit dem offiziellen Gesicht – fungiert die Frau als Kind und der Mann als der Erwachsene. In dieser öffentlichen perfekten Ehe (oder besser Beziehung – »Ehe« ist bloß ein praktisches Etikett, aber keine Bedingung) trifft der Mann (oder die Person, die in einer gleichgeschlechtlichen Beziehung die Männerrolle übernommen hat) die Entscheidungen, er kümmert sich um die Welt draußen. Er verdient das Geld, und er bestimmt, wie es ausgegeben wird. Das Leben der Frau (oder der Person in der traditionellen Frauenrolle) hängt davon ab, wie der Mann sich in der Welt bewährt, wie er den Lebensunterhalt verdient und ob er sich ums Auto kümmert (vielleicht fährt sogar nur er, da sie es möglicherweise nie gelernt hat). Die Frau kann ohne den Mann nicht existieren. Sie braucht ihn zum nackten Überleben.

Nach innen – das private Gesicht – sind die Rollen vertauscht. Der Mann ist das Kind und die Frau die Erwachsene. Sie bereitet das Essen zu, tischt es auf, achtet auf seine Kleidung (oft übernimmt sie auch seine Kleiderkäufe), befriedigt seine sexuellen Bedürfnisse, sorgt dafür, daß sein Wunsch nach Geselligkeit erfüllt wird, und hält ihm die Kinder vom Leibe, wenn er Ruhe braucht. Er ist körperlich und emotional von ihr abhängig.

In der perfekten Ehe ist die Wahrscheinlichkeit gering, daß ein Partner den anderen verläßt, da ja beide ernsthaft glauben, ohne einander nicht auskommen zu können. Was ihnen als erstrebenswerte Zielvorgabe fürs Leben mit auf den Weg gegeben wurde, nämlich Sicherheit und Beständigkeit – sie haben es erreicht. Jeder unterstützt die Abhängigkeit des anderen, aus Angst vor dem Verlassenwerden oder Alleinsein. Jeder sträubt sich dagegen, unabhängig vom anderen zu agieren, aus der Angst heraus, die Beziehung würde so in ihrer Stabilität bedroht.

Die Beziehung funktioniert wie eine Sucht, und beide Partner leben in der Erwartung, sie könne all ihre Bedürfnisse befriedigen. Beide benutzen sie als »Kick«, um der Realität ihrer Beziehung aus dem Weg zu gehen.

Zerbricht eine derartige Beziehung, können wir den Suchtprozeß in voller Aktion, in seinem modellhaften Ablauf, beobachten. Dann sucht jeder der beiden Partner verzweifelt nach dem nächsten »Kick« – einer neuen Beziehung –, und zwar auf der Stelle. Damit meinen beide, dem schmerzhaften und natürlichen Leidensprozeß entkommen zu können, von dem das Ende einer wichtigen Beziehung stets begleitet ist. Die zwanghafte Suche nach dem nächsten »Kick« läßt sie über ihre eigentlichen Gefühle im unklaren. Das Problem an der Sache ist nur, daß mit einem neuen Partner noch nichts in Ordnung ist. Schmerz und Leid gehen weiter, die neue Beziehung hat kaum Erfolgschancen. Eine Suchtbeziehung stellt per definitionem eine *fortgesetzte* Eltern-Kind/Kind-Eltern-Beziehung dar. Sie kann nicht weitergehen, wenn einer der beiden selbständig oder endlich erwachsen wird und die Verantwortung für sich übernimmt. Sie ist gefährdet, sobald ein Partner sich weiterentwickelt und verändert.

Den Anonymen Alkoholikern zufolge kann ein krankhafter Trinker nicht in einem statischen Zustand leben. Entweder er muß seinen Zustand verbessern oder verschlechtern. Sucht und Genesung verlaufen in Prozessen. Das Ziel jeder suchtgeprägten Beziehung hingegen ist Sicherheit, und das bedeutet Stagnation. Ein beziehungssüchtiger Mensch hat sich derart in seinen Sicherheitswahn verrannt, daß er an dieser Illusion sogar noch festhält, wenn die Beziehung sich offensichtlich und zunehmend verschlechtert. Eine Beziehung ist *niemals* statisch; sie wird besser, oder sie wird schlechter. Ihrem Wesen nach ist sie dynamisch. Sie ist ein Prozeß und kein Produkt. Aus diesem Grund ist es schwer, wenn nicht sogar unmöglich, sie auf einem statischen Niveau zu halten.

Haben wir erst einmal akzeptiert, daß Suchtbeziehungen die Norm in unserer Gesellschaft sind, können wir auch sehen, wie die Gesellschaft alles daransetzt, sie zu untermauern und zu fördern. Ein ausgezeichnetes Beispiel für diese Normbildung ist die Popmusik. Die Country- und Westernmusik ist meines Erachtens am schlimmsten, aber Rock- und Poplieder stehen ihr in nichts nach. Die in diesen Liedern besungenen Beziehungen sind fast ausnahmslos suchtgeprägt. Augenblickliche Liebe (oder Intimität) und Leid sind die zwei Hauptthemen. Die Botschaft lautet, Liebe stelle sich bei der ersten Begegnung ein (»auf den ersten Blick« – wie vom Blitz getroffen), und zu lieben bedeute auch zu leiden. Achten sie einmal auf die Titel: ›Some Enchanted Evening‹, ›One Has My Name, the Other Has My Heart‹, ›I Can't Live Without You‹, ›I Am Addicted to You‹.

Viele dieser Lieder verbinden wir – und das ist bedeutsam – mit unserer Jugend, einer Zeit, in der wir zum erstenmal unsere Identität überprüfen und Beziehungen zu anderen Menschen erproben. Wir wissen, daß Musik nicht dieselbe Gehirnhälfte anspricht wie das gesprochene oder geschriebene Wort. Welch eine Gehirnwäsche in Hinsicht auf Beziehungen mag da stattfinden, wenn wir solchen Liedern immer und immer wieder ausgesetzt sind? Bei jeder Gelegenheit werden uns die Kennzeichen von suchterzeugenden Beziehungen in die Köpfe getrommelt, bis es nur noch schallt: »ohne dich kann ich nicht leben«, »lieben heißt leiden«, »ohne dich bin ich nichts«. Diese Themen programmieren uns darauf hin, krankhafte Liebe als wahre Liebe zu akzeptieren, als einzig möglichen Weg, zu lieben und geliebt zu werden.

Kein Wunder, daß unsere Suche nach einer gesunden, dynamischen und lebendigen Liebe meist erfolglos verläuft; kein Wunder, daß wir am Ende traurige Lieder singen.

Suchtsystem und Co-Abhängigkeit

Kein Buch über Suchtsysteme wäre vollständig ohne eine gründliche Auseinandersetzung mit dem Thema Co-Abhängigkeit.[6] Meiner Meinung nach war es Sharon Wegscheider-Cruse, die auf diesem Gebiet die Hauptarbeit geleistet hat. In einem unveröffentlichten Aufsatz definiert sie Co-Abhängigkeit als »eine Sucht nach einer anderen Person oder Personen und deren Problemen oder nach einer Beziehung und ihren Problemen«. Besonders fiel ihr auf, daß inzwischen auch einige Versicherungsgesellschaften begonnen haben, Co-Abhängigkeit als Primärkrankheit anzuerkennen; zwar stehen wir hier erst am Anfang, aber die Entwicklung ist abzusehen. Anders formuliert: Co-Abhängigkeit ist kein Symptom von irgend etwas anderem.

Eine co-abhängige Person ist ständig in ein Liebesverhältnis oder eine eheliche Beziehung mit einem Süchtigen verstrickt. Mindestens eines ihrer Eltern- oder Großelternteile war Alkoholiker, und/oder sie wuchs in einer emotional repressiven Familie auf. Nach Sharon Wegscheider-Cruse liegt die Zahl der Co-Abhängigen in der Bevölkerung bei 96 Prozent.

Bei der Behandlung von Suchtkrankheiten setzte sich in den letzten Jahren die Erkenntnis immer stärker durch, daß es nicht genüge, den Alkoholiker oder Drogensüchtigen allein zu behandeln. Statt dessen muß die ganze Familie, das Suchtsystem, mitbehandelt werden. Dies zog die verstärkte Behandlung von Co-Abhängigen nach sich.

Co-Abhängigkeit an sich ist eine sehr interessante Krankheit. Sie wird nicht nur durch unsere Kultur gestützt und gefördert, darüber hinaus wird die Lebensweise des Co-Abhängigen auch als positiv gewertet. Im Suchtsystem gilt sie als normal, als Beweis dafür, daß wir uns das System und alles, was mit ihm zusammenhängt, zu eigen gemacht haben.

Der Co-Abhängige ist immer ein »guter Mensch«. Mit Hingabe kümmert er sich um seine Familie, oft auch noch um andere Menschen; viele gehen in helfende Berufe (Krankenschwestern, Ärzte, Berater). Sharon Wegscheider-Cruse stellte im Rahmen ihrer Untersuchung fest, daß 83 Prozent aller Krankenschwestern erstgeborene Kinder von Alkoholikern – und damit Co-Abhängige – sind. (Sie weist ebenfalls darauf hin, daß viele Therapiezentren eine feindselige Haltung gegenüber Co-Abhängigen einnehmen und ihre Behandlung nur widerwillig aufgenommen wird; oft ist die Ursache dafür in der Lebensgeschichte des Führungspersonals dieser Zentren zu finden: Sie sind selber unbehandelte Co-Abhängige.)

Oft haben Co-Abhängige ein geringes Selbstwertgefühl, deshalb finden sie ihre Bestimmung darin, sich für andere unentbehrlich zu machen. Koste es, was es wolle, sie tun alles, um gemocht zu werden. Und so steigert sich ihre Fürsorglichkeit nicht selten bis hin zur Arbeitssucht. Sie stürzen sich in ihre Arbeit (besonders wenn sie Helferberufe ausüben) und vergessen sich selbst.

Co-Abhängige sind zum Leiden bestimmt – »gute christliche Märtyrer«. Ihre Güte steht in direkter Beziehung zu ihrem Leiden und dem Lohn, den sie dafür erwarten (und erhalten). Die anderen kommen bei ihnen immer zuerst, sie dagegen nehmen das kleinste Stück Kuchen, sie tragen die alten Klamotten.

Co-Abhängige sind Diener. Sie sind die Freiwilligen, diejenigen, die unsere Gesellschaft zusammenhalten und ihre eigenen physischen, emotionalen und spirituellen Bedürfnisse zum Wohle der anderen zurückstellen. Am Ende stehen sie überlastet und erschöpft da, und wir feiern sie als Helden.

Co-Abhängige sind selbstlos bis zu dem Punkt, an dem es sie selbst schmerzt. Sie arbeiten und sorgen so lange für andere, bis sie irgendwann alle möglichen Krankheiten physischer und seelischer Art bekommen. Dann – und nur dann – dürfen wir *sie* hegen und pflegen. Co-Abhängige neigen zu Magengeschwüren, hohem Blutdruck, Kolitis (Entzündungen des Dickdarms), Rückenschmerzen und rheumatischer Arthritis; sie unterliegen einem hohen Krebsrisiko. Und im Kindesalter sind Co-Abhängige anfällig für Allergien, Hautprobleme, Asthma, Bettnässen und Lernschwierigkeiten, und oft sind sie unfall- und selbstmordgefährdet.

Doch was bekommen Co-Abhängige eigentlich als Gegenleistung für ihre Bemühungen? Die Antwort darauf enthüllt die andere, faszinierende Seite dieser Krankheit: Die Menschen, um die sie sich kümmern, werden ihrerseits von ihnen abhängig!

Co-Abhängige gehen nicht nur Beziehungen mit Süchtigen ein; sie zeigen auch dieselben Merkmale wie diese; vielleicht trinken sie keinen Alkohol oder nehmen keine Drogen, dafür aber benutzen sie andere Substanzen in zwanghafter und suchterzeugender Weise. Sie leiden häufig unter Magersucht oder Eßsucht oder unter anderen Eßstörungen. Oft sind sie starke Raucher oder trinken kannenweise Kaffee. Co-Abhängigkeit ist einfach die Rückseite ein und derselben Medaille.

Ich habe mit vielen Co-Abhängigen gearbeitet. Manche waren noch vollständig ihrer zwanghaften Suchtrolle verhaftet, und manche hatten sich entschieden, gesund zu werden. Doch wie die meisten der in diesem Bereich Tätigen muß ich gestehen, daß sich ihre Behandlung als weitaus schwieriger erweist als die eines Alkoholikers. Wer co-abhängig und süchtig zugleich ist – und dies ist nicht selten der Fall – und sich in Behandlung begeben hat, empfindet es als sehr viel beschwerlicher, die Co-Abhängigkeit in den Griff zu bekommen als die Sucht. Sie ist eine äußerst heikle und tückische Krankheit, zudem wird sie in unserem Kulturkreis ganz unterschiedlich wahrgenommen. Während Alkoholismus und andere Süchte im öffentlichen Urteil stets schlecht abschneiden, wird die Co-Abhängigkeit eher gefördert. Ein Co-Abhängiger wird kaum ermutigt, sich zu kurieren, da seine Krankheit die Kultur stützt und auf der anderen Seite diese die Krankheit fördert.

Das Suchtsystem könnte ohne seine Co-Abhängigen nicht bestehen. Denn sie sind das Fußvolk, das es trägt; sie sind seine Fürsprecher und Beschützer.

Leichtgläubigkeit ist eine andere, für den Co-Abhängigen typische Eigenschaft. Wir können ihn ganz offensichtlich belügen, der Co-Abhängige wird immer noch glauben, wir hätten ihm die Wahrheit erzählt. Sie wollen gut sein, und sie wollen gemocht werden; sie möchten nicht ausgeschlossen sein; und diese Motive üben eine derartige Macht über sie aus, daß ihnen stets Priorität vor jedem eigenen Urteil eingeräumt wird. Co-Abhängige verschließen die Augen, und aus diesem Grund sehen sie nicht, wenn sie ausgetrickst, belogen und betrogen werden. Infolgedessen respektieren Co-Abhängige ihre Mitmenschen nicht. Anhand eines Beispiels aus meinem eigenen Leben möchte ich Ihnen erklären, was eigentlich Respekt bedeutet.

Eine Freundin von mir war eine zwanghafte Lügnerin. Jahrelang bat ich sie, damit aufzuhören (Kontrolle!). Ich glaubte, ich sei die einzige Person, die ständig von ihr belogen wurde (Selbstbezogenheit!). Eines Tages schließlich erlebte ich, wie sie jemanden anlog, der ihr sehr wichtig war.

Plötzlich wurde mir klar, daß sie nicht nur log, um etwas zu verbergen; sie brauchte gar keinen Grund, und ihre Lügen hatten auch nichts mit mir zu tun. Da ich wenig Erfahrung im Umgang mit Lügen besaß, erklärte ich ihr, daß ich mich eine Zeitlang von unserer Freundschaft zurückziehen wolle. Sobald es mir gelänge, besser damit umzugehen (nämlich wenn die Genesung von meiner eigenen Co-Abhängigkeit fortgeschritten sei), und/oder sie ehrlicher würde, könnten wir uns wieder treffen.

Kaum hatte ich dies ausgesprochen, brach sie in Tränen aus. Nach einer Weile sagte sie, zum erstenmal habe sie jemand verstanden. Und ich mußte mir eingestehen, daß ich sie bis genau zu diesem Augenblick immer so gesehen hatte, wie ich wollte, und mich geweigert hatte, sie so zu sehen, wie sie war. Ich hatte nicht sie und ihre Realität akzeptiert, sondern darauf bestanden, daß sie die meinige akzeptiere. Ich hatte sie kontrollieren wollen und dabei respektlos behandelt.

Das Suchtsystem lädt uns geradezu ein, co-abhängig zu sein und Menschen und Dinge in unserer Umgebung nicht in ihrer eigenen Realität wahrzunehmen. Wenn wir uns so verhalten, begegnen wir Menschen und Dingen mit einer grundsätzlichen Respektlosigkeit. Erst wenn wir sie unvoreingenommen sehen, geben wir ihnen die Chance, ihre Fähigkeiten auszuschöpfen und die Verantwortung für ihre Entscheidungen und ihr Leben zu tragen. Solange sie ihre Persönlichkeit selber nicht akzeptieren können, haben sie auch nicht die Wahlfreiheit, ihr Leben zu ändern.

Es gibt zahlreiche Wesensmerkmale und Verhaltensmuster, die Co-Abhängige mit Alkoholikern gemeinsam haben. Nur: Beim Co-Abhängigen gelten sie als annehmbar. Er trägt einige der Merkmale, die sich in unserer Gesellschaft größter Wertschätzung und einige, die sich bitterster Verachtung »erfreuen«. Normalerweise werden die negativen verabscheut, wenn Frauen sie zeigen, bei Männern dagegen ignoriert. Unehrlichkeit wird dem Co-Abhängigen als Nettigkeit, Rechtschaffenheit, Korrektheit und Einfühlungsvermögen ausgelegt; seine Selbstlosigkeit ist oftmals nichts anderes als getarnte Unehrlichkeit. Statt geradeheraus und offen auszusprechen, was er möchte, greift er lieber auf abwegige und indirekte Mittel zurück. Wenn es nur irgend möglich ist, geht er Problemen aus dem Weg. Der Co-Abhängige redet an den Leuten vorbei und *über* sie, aber nicht *mit* ihnen. Er verwendet Gerüchte, Anspielungen und Klatsch, um andere zu manipulieren und Verwirrung zu stiften. Dies sind Verhaltensweisen, die in unserer Gesellschaft als normal und nett gelten.

Co-Abhängigkeit als Teil des Gesamtsystems

Was wir heute als Krankheit »Co-Abhängigkeit« bezeichnen, ist das Ergebnis eines jahrelangen Lernprozesses. Der »gute christliche Märtyrer« ist das Produkt liebevoller Pflege. Doch der Lernprozeß, den der Co-Abhängige durchlaufen hat, ist nur eine andere Form von Grundausbildung für das Suchtsystem. Denn beide können ohne einander nicht auskommen. Gibt es den Co-Abhängigen nicht mehr, verliert der Süchtige seinen Unterstützer und Förderer. Entscheidet sich ein Süchtiger für seine Genesung, vermag er nicht länger mit einem Co-Abhängigen oder in dessen Umgebung zu leben. Befinden sich beide – der Co-Abhängige und der Süchtige – auf dem Weg zur Genesung und vollziehen sie einen Systemwechsel, der Teil dieser Genesung ist, dann bricht das Suchtsystem zusammen.

An anderer Stelle erwähnte ich bereits, daß es keinen Unterschied zwischen dem Männlichen System und dem Suchtsystem gibt. Wenn nun aber das Reaktive Weibliche System das Männliche System unterstützt und festigt und die Co-Abhängigkeit das Suchtsystem, dann folgt daraus, daß auch eine Beziehung zwischen dem Reaktiven Weiblichen System und der Co-Abhängigkeit existieren muß. Tatsächlich ist dies der Fall, und aus diesem Grund gibt es auch keinen Unterschied zwischen diesen beiden. Was ich in ›Weibliche Wirklichkeit‹ über das Männliche System und das Reaktive Weibliche System gesagt habe, gilt also gleichermaßen für das Suchtsystem und die Co-Abhängigkeit. Darüberhinaus treffen alle Aussagen, die ich hier über das Suchtsystem und die Co-Abhängigkeit gemacht habe, auch auf das Männliche System und das Reaktive Weibliche System zu.

Folglich können wir nicht länger nur das eine System benennen, es behandeln oder betrachten, ohne die Existenz all der anderen zu berücksichtigen. Es genügt nicht, den Alkoholismus, die Drogenabhängigkeit oder vielleicht die Co-Abhängigkeit zu behandeln. Wenn wir den von uns eingeschlagenen, lebensfeindlichen Kurs auf eine lebensbejahende Richtung hin korrigieren wollen, dann müssen wir das System als Ganzes behandeln.

Das Suchtsystem als Hologramm

Das Männliche System ist das Suchtsystem, und umgekehrt ist das Suchtsystem das Männliche System. Beide entsprechen sich insofern, als sie das System bestimmen, in dem wir leben und das unsere Gesellschaft in eine lebensfeindliche Richtung gedrängt hat.

Stellen Sie sich das Konzept des Suchtsystems einmal als Hologramm vor. Möglicherweise ist dies ein wichtiger und hilfreicher Ansatz, um es besser zu verstehen. (Das neue holographische Paradigma ist eine nicht-lineare Methode, sich der Wissenschaft und dem Weltverständnis anzunähern; sie entspringt neueren Erkenntnissen aus der Physik und der Gehirnphysiologie.)[1]

Das wesentliche Merkmal eines Hologramms liegt darin, daß jedes seiner Teilchen die gesamte Struktur des gesamten Hologramms enthält; das einzelne Teilstück ist nicht etwa bloß Teil des Ganzen, vielmehr enthält es das vollständige Modell und die Funktionsweise des Ganzen. Genauso müssen wir uns das Suchtsystem vorstellen. Das System schließt das Individuum ein, und das Individuum trägt das System in sich. Anders formuliert: Das Suchtsystem weist dieselben Züge auf wie der einzelne Alkoholiker oder Süchtige. Und da wir alle in diesem System leben, trägt jeder einzelne von uns diese Züge, es sei denn, wir vollziehen als Teilschritt unserer Genesung einen Systemwechsel.

In diesem Kapitel möchte ich die Merkmale von Süchtigen beschreiben und gleichzeitig erläutern, auf welche Weise sie sowohl im einzelnen Menschen als auch im System als Ganzem funktionieren.

Selbstbezogenheit

Süchtige sind notorische Egozentriker. Auch wenn sie vielleicht vorgeben, ihr Hauptanliegen sei die Sorge um ihre Mitmenschen, in Wirklichkeit wird alles, was sie tun, durch den von ihnen benötigten »Kick« überschattet. Der Alkoholiker denkt nur an den nächsten Schluck, der Beziehungssüchtige an die nächste Affaire, der Arbeitssüchtige an den nächsten Tagesordnungspunkt. Trotzdem gilt Selbstbezogenheit im Suchtsystem als Tugend.

Selbstbezogenheit hat viele Facetten. Die augenscheinlichste ist der absolute Mangel, auf andere Rücksicht nehmen zu können. Noch vor gar nicht langer Zeit wurde ich Zeugin eines schockierenden Beispiels dafür.

Ich machte gerade ein Nickerchen am Beckenrand eines heißen Mineralpools, als ich durch zwei Neuankömmlinge geweckt wurde. Eine Mutter näherte sich mit ihrem Sohn dem Becken, und dabei schleifte sie einen Clubsessel hinter sich her. Ganz offenbar scherte sie sich nicht darum, daß sie durch diesen Krach andere störte.

Genausowenig kümmerte sie das Wohlergehen ihres Sohnes. Während ihrer Unterhaltung mit irgendeinem Badegast schnappte ich auf, warum die beiden hierhergekommen waren. Sie hatte ihren Sohn an diesem Tag nicht zur Schule geschickt, weil er sich einen Muskel gezerrt hatte, den er nun in dem heißen Wasser pflegen sollte. Bei ihrer Ankunft mußte sie allerdings erfahren, daß die Benutzung des Pools nur Erwachsenen gestattet war. Inzwischen jedoch wollte *sie* bleiben.

Es gab nur einen freien Stuhl; sie griff ihn sich und befahl ihrem Sohn, sich auf den Betonboden zu setzen, bis ein anderer frei würde. Der Junge gehorchte und hörte zufrieden über Kopfhörer Musik. Wenig später fragte die Mutter, ob sie »nur mal kurz« hören dürfe; er reichte ihr das Radio, und sie behielt es eine halbe Stunde lang.

Dann fragte er, ob er die Limonade haben könnte, die sie für ihn eingepackt hatte. Sie holte sie aus einer Tasche und gab sie ihm. Er öffnete sie, nahm einen Schluck, stellte sie vorsichtig auf seinen Stuhl (inzwischen hatte er einen organisieren können) und schlenderte davon.

Während seiner Abwesenheit nahm die Mutter die Limonade und trank sie aus. Als der Junge bei seiner Rückkehr die leere Dose vorfand, folgte eine wirklich unglaubliche Unterhaltung.

»Die ist ja ganz leer!« sagte der Junge.

»Ich habe nur einen kleinen Schluck getrunken«, antwortete seine Mutter.

»Aber sie ist ganz leer!«

»Naja, vielleicht war es auch ein großer Schluck, aber ich habe nicht alles getrunken.«

»Du hast alles getrunken!«

»Hör auf zu jammern. Ich kaufe dir später eine neue.«

»Aber ich habe jetzt Durst!«

»Später, habe ich gesagt!« schrie seine Mutter.

In jeder Hinsicht waren die Bedürfnisse des Jungen genauso drängend wie die seiner Mutter (meiner Ansicht nach eigentlich sogar *drängender*), aber es kümmerte sie nicht.

Selbstbezogenheit ist, leider, ansteckend. Wenn unsere Umgebung durch Menschen bestimmt ist, die sich wenig um uns kümmern, müssen wir zwangsläufig unser Revier schützen, unsere Besitztümer horten und Egoismus zeigen, da wir sonst immer zu kurz kommen. Ich könnte mir vorstellen, daß dieser Junge in dem Glauben aufwächst, er müsse egoistisch sein, da er sonst immer leer ausginge.

Vor kurzem erlebte ich ein ähnliches, allerdings amüsantes Beispiel für Selbstbezogenheit. Ich war beim »Whale-Watching«.* Eine der Teilnehmerinnen wurde zusehends bedrückter und in sich gekehrt. Ich fragte sie nach dem Grund ihrer Mißstimmung. Sie erklärte mir, nun habe sie so viel Geld ausgegeben und sei den weiten Weg hierhergekommen mit dem Ergebnis, daß die Wale ihre Anwesenheit nicht einmal registrieren würden! Das ist wahre Selbstbezogenheit!

Oft haben selbstbezogene Menschen die Eigenart, ihr Ich als Mittelpunkt des Universums zu begreifen. Jedes Ereignis, jede Äußerung wird als Bestärkung oder Ablehnung des eigenen Ichs wahrgenommen und interpretiert.

Als ich noch verheiratet war, brauchte ich gelegentlich etwas Zeit und Ruhe für mich (das brauche ich noch heute, wir brauchen es alle!). Jedesmal, wenn ich meinem Mann dieses Bedürfnis signalisierte, sagte er: »Warum mußt du dich von mir entfernen?« Daraufhin versuchte ich stets zu erklären, daß ich mich *nicht* »von ihm entfernte«, ich wollte nur *zu mir* selbst kommen, und das hatte nichts mit ihm zu tun. Er jedoch unterstellte mir, daß jede meiner Entscheidungen für oder gegen ihn gerichtet seien. Natürlich fehlt es uns allen nicht an Gelegenheiten, unsere Egozentrik zu beweisen. In unserem Kulturkreis erfährt selbstbezogenes Verhalten schließlich Zustimmung und Unterstützung. Meiner Ansicht nach ist es ein angelerntes Muster, das wir oft nur durch bewußtes Gegensteuern korrigieren können. Wenn ich beispielsweise einen Vortrag halte, befindet sich stets mindestens eine Person unter den Zuhörern, die während meiner Rede aufsteht und aus irgendeinem Grund den Raum verläßt. Wie nahe läge es zu vermuten, das Hinausgehen dieser Person hätte etwas mit mir zu tun. Mit großer Wahrscheinlichkeit ist dies jedoch nicht der Fall. (Ich selbst weiß von mir, daß ich Vorträge oft aus ganz persönlichen Gründen verlasse.)

Wir können diese Art der Selbstbezogenheit auch auf nationaler Ebene beobachten, unter unseren Regierungsmitgliedern ist sie weit verbreitet. Sobald ein Ereignis die Welt bewegt, wird es als Affront oder als Unterstützung für die Vereinigten Staaten wahrgenommen. Egal, ob die Vorgänge sich im Nahen Osten, in Zentralamerika oder in Afrika abspielen, unsere führenden Köpfe scheinen zu glauben, das alles könnte ausschließlich zu unserem Nutzen oder zu unserem Schaden sein. Nachdem sie sich in das Suchtsystem eingekauft haben, können sie nur noch in solchen Kategorien denken.

---

* Von Tourismusunternehmen organisierte Schiffsfahrten zur Beobachtung von Walen im offenen Meer.

Zu erwähnen ist noch ein weiterer Aspekt der Selbstbezogenheit, der bei praktizierenden Therapeuten unter den Begriff »Ich-Grenzen« fällt. Selbstbezogene Menschen sind nicht in der Lage zu erkennen, wo sie selbst enden und wo ihre Mitmenschen beginnen. Genaugenommen sind sie sich anderer als ganzer, getrennt von ihnen zu sehender Wesen gar nicht bewußt, deshalb können sie diesen auch keinen Respekt entgegenbringen. (Dies läßt sich übrigens deutlich auf internationaler Ebene beobachten.)

Wenn keine scharfgezogenen Grenzen existieren, geschehen zwei Dinge: Das Selbst öffnet sich, dehnt sich aus, und die Welt strömt hinein. Alles wird zum MICH (in ›Weibliche Wirklichkeit‹ sprach ich in diesem Zusammenhang von einem »pseudopodischen Ego«), alles stürzt auf MICH, alles ist entweder für oder gegen MICH.

Das erste, das Sich-Öffnen, ist überwältigend; das zweite, das Einströmen der Welt, ist bedrohlich und ruft das Bedürfnis nach Kontrolle hervor. Auf die Illusion der Kontrolle komme ich gleich zurück; aber vielleicht ist Ihnen bereits hier deutlich geworden, aus welchem Grund egozentrische Menschen ein starkes Bedürfnis nach Kontrolle haben. Zum Schutz vor einer Welt, die sie als ständige Bedrohung empfinden, glauben solche Menschen, jederzeit kontrollbereit sein zu müssen.

Meine ersten Lernschritte zum Thema »Selbstbezogenheit« machte ich bei den Anonymen Alkoholikern und beim Lesen von Suchtliteratur. Aber gleich zu Anfang kam mir der Gedanke, daß sich sämtliche Aspekte dieses Merkmals auf das Suchtsystem übertragen ließen.

Im Suchtsystem *steht das Selbst im Mittelpunkt.* Nichts und niemand darf es unbesehen und ungeprüft passieren, ohne mit ihm verglichen und vom Selbst so definiert zu werden, wie es seiner Wahrnehmung entspricht. Nur unter großen Schwierigkeiten – wenn überhaupt – vermögen die Menschen des Suchtsystems objektiv wahrzunehmen (obwohl sie Subjektivität streng verurteilen) oder sich in die Perspektive eines anderen zu versetzen. Sie wissen nicht, wie sie dies tun können; Lernprozesse können sie nicht vollziehen, da ihnen ihr Selbst im Weg steht und sie nicht fähig sind, es hinter sich zu lassen.

Im Lebensprozesse-System *stehen Beziehungen im Mittelpunkt.* Wer sich dieses System zu eigen gemacht hat, lebt in einem stabilen Zustand, in dem er mühelos über die Grenzen seines Selbst hinauszugehen vermag. Schon aus der Philosophie wissen wir, das Wesen einer Beziehung liegt darin, daß sie unter Gleichrangigen stattfindet, sofern nicht das Gegenteil zu beweisen ist. Deshalb eröffnet uns jede neue Begegnung die Möglichkeit, in sie als gleichwertige Partner einzutreten. Menschen, die einander als ebenbürtig betrachten, machen es sich zur Gewohnheit, sich *und* andere zu sehen und die gegenseitigen Standpunkte zu respektieren.

46

Die Arroganz gehört ebenfalls zum Wesen der Selbstbezogenheit. Und das Suchtsystem zeigt sich tatsächlich von einer recht arroganten Seite. Wie im Männlichen System herrscht hier der Glaube vor, man könne wie der durch das System definierte Gott sein. Dies führt zugleich zu der Annahme, man sei dazu berechtigt, alles den eigenen Vorstellungen entsprechend zu definieren. Dies ist der Inbegriff von Selbstbezogenheit. Wir finden diese Arroganz beim Süchtigen, im Suchtsystem und auf der staatlichen Ebene.

Kontrolle – eine Illusion

Eine der raffiniertesten Fallen, die jede Sucht stellt, ist die Illusion von Kontrolle.

In einem Suchtsystem versucht jeder jeden zu kontrollieren. Die Familie möchte den Süchtigen kontrollieren, der Süchtige wiederum die Familie; der Ehemann möchte die kontrollierenden Aktivitäten seiner Ehefrau unter Kontrolle haben; alle sind in eine Form manipulativen Verhaltens verstrickt. Je stärker die Sucht wird, desto verzweifelter auch das Bedürfnis nach Kontrolle. Allerdings erweist sich der Glaube, jemand könne alles in den Griff bekommen, als Illusion.

Suchtbeziehungen bauen jedoch genau auf solchen Kontrollphantasien auf. Viele von uns sind der Überzeugung, sie würden nicht geliebt, wenn der von uns Geliebte nicht seinerseits Kontrollversuche unternähme. Liebe wird verstanden als »Kontrolle über jemanden haben« oder »von jemandem kontrolliert werden«. Diese Haltung zeigt sich besonders bei heranwachsenden Mädchen. Manche von ihnen wissen buchstäblich nicht, was sie tun sollen, wenn es ihnen nicht vom Freund gesagt wird.

Ein Bekannter von mir, ein junger Mann im Teenageralter, erzählte mir, was er erlebte, als er mit einer Freundin zum erstenmal ausging. Sie fuhren in seinem Auto, und er fragte sie, wozu sie Lust habe.

»Wozu du Lust hast«, sagte sie.

»Gut«, erwiderte er, »möchtest du auf eine Party, ins Kino, oder wollen wir uns ein Video holen und zu Hause ansehen?«

»Was du möchtest«, antwortete sie.

Daraufhin hielt er den Wagen mitten auf der Straße an und sagte: »Wenn du mit mir ausgehst, dann mußt du schon eine eigene Meinung haben.«

Er hatte einfach kein Interesse daran, eine Kontrollbeziehung einzugehen – eine Seltenheit in unserem Kulturkreis. Die meisten von uns glauben nämlich, eine Beziehung *sollte* Kontrolle beinhalten.

Oftmals verwechseln wir dabei Kontrolle mit Verantwortung. Wenn wir in bezug auf unsere Beziehung von »Verantwortung übernehmen« reden, meinen wir meistens, daß wir Kontrolle über alle in ihr getroffenen Entscheidungen ausüben (zum Beispiel, was wir am Abend unternehmen).

Im Lebensprozesse-System ist Verantwortung *die Fähigkeit, zu antworten.* Hingegen bedeutet im Suchtsystem Verantwortung eher *Rechenschaft* ablegen und Tadel. Normalerweise sehen wir in einem verantwortungsbewußten Menschen jemanden, der alles »im Griff hat« und alles unter Kontrolle haben müßte. Läuft dann etwas nicht nach Plan, muß er zur Rechenschaft zu ziehen sein und den Tadel einstecken. Wenn Verantwortung so verstanden wird, ist es nicht verwunderlich, daß wir sie als solch große Last empfinden!

Auch Macht verwechseln wir mit Kontrolle. In meinem Buch ›Weibliche Wirklichkeit‹ stellte ich das Machtkonzept des Männlichen Systems dar, das besagt, man habe Macht *über* etwas. Demgegenüber beinhaltet das Machtkonzept des Aktiven Weiblichen Systems eine eher *persönliche* Kraft, die nichts mit der ursprünglichen Vorstellung von Macht zu tun hat. Wie schon ein altes Sprichwort besagt, endet die persönliche Macht da, wo die Nase des anderen beginnt. Doch sogar in unserem Wörterbüchern (denen des Suchtsystems) lautet die Definition für Macht »Einfluß *auf* andere«. Wir haben gelernt, Macht mit Autorität, Herrschaft und höchster Gewalt gleichzusetzen; und tatsächlich sind all diese Begriffe Synonyme dafür. Erst durch das Lebensprozesse-System erhält das Wort allmählich einen neuen Sinn.

In jedem Suchtsystem ist die Illusion der Kontrolle weit verbreitet. Wir alle haben uns von dieser Illusion abhängig gemacht, auch wenn wir der Meinung sind, wir hätten sie in unserer persönlichen Entwicklung längst hinter uns gelassen. Einer Freundin gegenüber beschrieb ich diese Illusion, die ich selbst erlebte, einmal so: »Es ist, als säße ich auf einem heißen Herd, umgeben von Töpfen, deren Deckel plötzlich hochgehen, und ich versuche, sie festzuhalten!«

Die Illusion von Kontrolle wird immer eine Illusion bleiben. Zwar sind wir der Ansicht, wir verfügten über Kontrolle und wir sollten sie auch ausüben oder es zumindest versuchen, aber es wird uns nie gelingen.

Wenn wir uns in einem Suchtsystem befinden, nimmt diese Illusion ihren Anfang bei dem Versuch, unser Selbst mit Hilfe einer Substanz oder eines Prozesses zu kontrollieren. In Alkohol, Drogen, Sorgen, Arbeit und Beziehungen sehen wir Möglichkeiten, dem Umgang mit unseren Gedanken, Gefühlen und Handlungen auszuweichen. Diese Ausweichmanöver verwandeln sich schnell in Versuche, die Gedanken, Gefühle und Handlungen anderer zu kontrollieren.

Viele von uns glauben beispielsweise fest daran, sie könnten jemanden dazu bewegen, sie zu lieben. Dabei gerät in Vergessenheit, daß Liebe ein Geschenk ist, welches aus freien Stücken gegeben werden muß. Statt dessen lassen wir uns darauf ein, »richtige« Dinge zu sagen, »passende« Kleider zu tragen und »angemessenes« Verhalten zu zeigen. Wir sind der Überzeugung, es stünde in unserer Macht, den anderen umzustimmen und die gewünschten Gefühle in ihm zu wecken.

Dieser Irrglaube sitzt tief. Doch wir schüren lieber diese Illusion, als den Versuch zu wagen, das tatsächlich Erreichbare zu erlangen. Und wenn wir feststellen, daß wir eher in der Lage sind, die Abneigung und den Haß anderer hervorzurufen, dann entscheiden wir uns eben dafür. Wahre Neurotiker sind meiner Ansicht nach Menschen mit genau diesen Verhaltensweisen: Sie nähren ihr Kontrollbedürfnis und scheuen jedes Risiko.

Es ist schon frappierend, mit welcher Hartnäckigkeit wir uns in Wunschbilder und Selbsttäuschungen versteigen. Vermutlich verlangt das Zwölf-Schritte-Programm der Anonymen Alkoholiker aus diesem Grund an erster Stelle das Eingeständnis, man habe keine Macht über die Sucht und mit ihr sei das Leben nicht zu meistern. Für eine Genesung ist die Auseinandersetzung mit dem Bedürfnis nach Kontrolle unerläßlich.

Die Kontrollillusion steht in engem Zusammenhang mit drei weiteren Merkmalen des Suchtsystems: der Krisenorientierung, der Depression und dem Streß. In den folgenden Abschnitten werde ich sie näher erläutern.

Krisenorientierung

Süchtige taumeln mit ihren Familien von einer Krise zur nächsten. Jedes Ereignis, jedes Problem wird als entscheidender Wendepunkt gesehen, doch sobald eine Schwierigkeit überwunden ist, beginnt schon die nächste.

Eine Zeitlang war ich der Überzeugung, Krisen leisteten bei Süchtigen und ihren Familien der Illusion Vorschub, sie würden ein ausgefülltes, lebendiges Leben führen. Wenn sie in einer Krise stecken, dann spüren sie ja immerhin etwas.

Krisenorientierung ist im Grunde genommen ebenfalls eine – wenn auch sehr subtile – Form der Kontrolle. Haben wir erst einmal die Krise bewerkstelligt, bilden wir uns ein, wir könnten sie unter Kontrolle bekommen: Schließlich haben wir ja die Krise geschaffen. Auch wenn die Situation zunehmend chaotisch wird, so sind wir doch zufrieden, da es *unsere* Situation ist und *wir* sie verursacht haben. Ein geschickter Krisenproduzent vermag noch aus dem banalsten Ereignis eine Krise zu spinnen. Wie bekomme ich die Kinder rechtzeitig aus dem Haus? Wie entscheide ich mich im Beruf? Wie gestalte ich den Abend? Was sage ich einem Freund? – Bei jeder Gelegenheit bricht Panik aus.

Eine Kollegin von mir beobachtete, wie häufig sie aus ganz alltäglichen Situationen Krisen bastelte. Nachdem sie in diesem Verhalten ein Streben nach Kontrolle erkannt hatte, traten die Krisen seltener auf. Je schneller wir die Illusion aufgeben, wir könnten Situationen unter Kontrolle haben, desto weniger wird unser Leben auf Krisen hin orientiert sein.

Krisenorientierung ist – wie alle Suchtmerkmale – auch auf die gesellschaftliche Ebene zu übertragen. Zweifellos profitiert die Wirtschaft von Krisen, denn sie lassen die Öffentlichkeit in dem Glauben, unsere Regierung »unternehme etwas«. Und manchmal brauchen wir eine Krise einfach, damit wir uns selber in einer Rolle sehen und uns ein bestimmtes Gefühl verschaffen.

Depression

Vor einiger Zeit war ich im Flugzeug zu einem Vortrag unterwegs. Neben mir saß zufällig der Leiter einer psychiatrischen Klinik. Wir kamen über unsere Arbeit ins Gespräch, und er erwähnte, daß sein Personal bei jedem der Patienten, der aufgrund von Depressionen in seine Klinik komme, routinemäßig überprüfe, ob es bei dem Betreffenden oder in dessen Familie Probleme mit Alkoholismus gäbe.

Beeindruckt (aber auch etwas schockiert) bat ich ihn um eine Erklärung. Auch wenn das Problem sich nach außen hin als Depression darstelle, erwiderte er, so sei nach seiner Erfahrung die richtige Diagnose oft der Alkoholismus, oder sie sei zumindest in Verbindung mit Alkohol zu sehen.

Ich speicherte diese Behauptung in meinem Gedächtnis und nahm mir vor, sie bei der nächsten sich mir bietenden Gelegenheit zu überprüfen. Ich mußte nicht lange warten.

Eine meiner Klientinnen war mit einem Alkoholiker verheiratet, der seit kurzem trocken war. Sie selber versuchte, sich von ihrer Co-Abhängigkeit zu befreien. Als wir ihrer Depression auf den Grund gingen, erkannte ich, daß diese in direkter Beziehung zu einem Suchtmerkmal stand – nämlich ihrer Illusion, alles unter Kontrolle haben zu müssen.

Ihr Leben war eine Katastrophe. Sie konnte keine Kontrolle über das Verhalten ihres Mannes gewinnen. Er stand noch am Beginn seines Genesungsprozesses und hatte damit große Schwierigkeiten. Genausowenig konnte sie das Leben der übrigen Mitglieder ihrer Familie kontrollieren. Sie mühten sich nämlich allesamt mit den Problemen ab, die jedes Suchtsystem in sich birgt. Meine Klientin jedoch *dachte*, dies alles sei auf ihre gescheiterten Kontrollversuche zurückzuführen. Ihre Depression war aus der irrigen Annahme entstanden, daß sie unfähig sei, etwas zu leisten, zu dem sie in der Lage sein müßte.

Wir beschäftigten uns mit ihrem Kontrollbedürfnis, und nach kurzer Zeit konnte sie feststellen, daß ihre depressiven Verstimmungen seltener auftraten. Zu dem Programm, das sie für ihre Genesung zusammengestellt hatte, zählte auch der Gelassenheitsspruch: »Gott gebe mir die Gelassenheit,/ Dinge hinzunehmen,/ die ich nicht ändern kann;/ den Mut, Dinge zu ändern,/ die ich ändern kann;/ und die Weisheit,/ das eine von dem anderen zu unterscheiden.« Dieser Grundsatz verhalf ihr zu einer realistischen Einschätzung ihrer Kontrollprobleme.

Kontrolle liefert die Rahmenbedingung für Depressionen. Wenn wir uns der Vorstellung überlassen, wir müßten und könnten die Fähigkeit besitzen, unsere Umwelt zu beherrschen, sich dann jedoch herausstellt, daß wir es nicht können (was stets der Fall ist), erleben wir dies als Versagensgefühle, und das ist deprimierend. Normalerweise versuchen wir dann noch verbissener, Kontrolle auszuüben, scheitern aber um so kläglicher.

Wer sich von der Sucht oder dem Leben innerhalb eines Suchtsystems befreien will, wird um eine Auseinandersetzung mit dem Thema »Kontrolle« nicht herumkommen; sie stellt einen wesentlichen Teil des Genesungsprozesses dar.

Streß

Streß – seine Ursachen und die Auswirkungen, an denen wir zugrunde gehen können –, dieses Thema findet gegenwärtig großes Interesse. Bei mir selber und bei meinen Klienten konnte ich beobachten, daß nahezu jede Form von Streß ein Nebenprodukt der erwähnten Kontrollillusion ist.

Auf einem anderen Flug zu einem Vortragstermin suchte mein Sitznachbar das Gespräch mit mir. Ich erzählte ihm vom Zweck meiner Reise, daß ich einen Vortrag an einer medizinischen Hochschule halten würde. Wie sich herausstellte, war er dort als Physiologiedozent tätig und veranstaltete Workshops zum Thema Streß.

»Es klingt ja fast so, als würden wir an denselben Problemen arbeiten«, sagte ich. »Wir leben in einer unnötig gestreßten Gesellschaft; vielleicht kann ich morgen bei meinem Vortrag eine Alternative vorstellen, und zwar die eines viel streßärmeren – vielleicht sogar streßfreien Systems.«

Er blies sich auf und erwiderte: »Das gibt es nicht!«

»Könnten Sie keinen Gefallen an einem System finden, in dem es keinen Streß gibt und das Leben einfacher wäre?« fragte ich ihn.

»Nein«, sagte er. »Ein bißchen Streß brauchen wir in jedem System; manchmal tut er sogar gut.«

Ich war erstaunt. »Wie können Sie so etwas glauben?«

Seine Antwort lautete: »Streß schaltet die Schwachen aus und garantiert das Überleben des Stärksten.«

An diesem Punkt war die Unterhaltung für mich beendet. Mir fiel nichts mehr ein, außer: »Tatsächlich? Wissen Sie eigentlich, wer von uns beiden, statistisch gesehen, früher stirbt?«

Natürlich besuchte er meinen Vortrag am nächsten Tag nicht. Wie sollte er auch? Er hatte sein System zum Mittelpunkt des Universums erhoben, und dies war das *einzige* System, das für ihn die Realität abbildete. Eine solche Überzeugung ist das Ergebnis einer verdrehten Denkweise. Er hatte sogar die Fakten verdrehen müssen, um seine »Streß-ist-notwendig«-Phantasie aufrechtzuerhalten. Ganz gewiß würde er seine Version bis ans bittere Ende vertreten, auch wenn es ihn das Leben kosten sollte (was es vermutlich tun wird). Aber eine Gesellschaft, die sich auf Kontrollmechanismen eingestellt hat, nimmt Streß eben als natürlich gegeben hin.

Die Illusion der Kontrolle steht nicht nur in enger Verbindung mit den drei soeben dargestellten Suchtmerkmalen (Krisenorientierung, Depression, Streß). Sie steht ebenfalls in engem Zusammenhang mit den drei Mythen, die das Männliche System bestimmen.

Rufen wir uns noch einmal den zweiten Mythos in Erinnerung. Er besagt, das Männliche System sei von Natur aus überlegen. Wenn wir dies glauben, müssen wir zwangsläufig auch annehmen, alles übrige sei unterlegen und müsse diesem System unterworfen und durch es *kontrolliert* werden – zu seinem eigenen Nutzen.

Der dritte Myhtos vertritt die Behauptung, das Männliche System sei allwissend. Was nicht im Wissens- und Verständnisbereich dieses Systems liegt, kann – per definitionem – nicht existieren. Neue oder davon abweichende Informationen wären eine Bedrohung für diesen Mythos und das System als Ganzes, deshalb werden sie nicht toleriert. Derartige Informationen müssen verschwiegen oder manipuliert werden – und das ist *Kontrolle*.

Der fünfte Mythos hält an der Möglichkeit fest, wir könnten wie der von diesem System definierte Gott sein. Seine herausragende Eigenschaft liegt in seiner *Kontroll*fähigkeit. Er ist männlich und hat die Oberaufsicht inne.

William Sloane Coffin führt in seinem Buch ›Courage to Love‹ ein Plädoyer gegen ein solches Gott-Verständnis:

»Denken Sie zum Beispiel an einige der Phrasen, die in der Abtreibungsdebatte normalerweise fallen. Nehmen wir ›Heiligkeit des Lebens‹. Diese Phrase kann bemüht werden, um das Recht des ungeborenen Lebens einzuklagen, ebensogut aber auch, um das Recht der menschlichen Spezies auf ihr Überleben einzufordern, ganz gleich, wie bedroht sie durch die Überbevölkerung ist. Oder nehmen wir ›Gott verbietet das Morden unschuldigen Lebens‹. Absolut richtig, und ein weiterer Grund für die Abschaffung von Kriegen im nuklearen Zeitalter, aber damit haben wir Menschen trotzdem noch nicht definiert, was ›unschuldig‹ und was ›Leben‹ heißt. Oder ›Wir können nicht Gott spielen‹. Wieder richtig. Aber Gott spielt ja gar nicht die Rolle jenes Gottes, die wir ihm normalerweise zuschreiben. Der wirkliche Gott mischt sich in keinster Weise als Hauptverursacher in unsere Geburten und Tode ein. Er heiratet uns nicht, und er geht auch nicht mit uns ins Bett, genausowenig treibt er sich herum und feuert die Pistole irgendeines Mörders ab oder sitzt hinter irgendeinem Steuerrad oder raucht irgendeine Zigarette. Natürlich können wir nicht Gott spielen, doch wir können auch nicht so tun, als seien wir ohne jegliche Verantwortlichkeit und bloße, passive Opfer dessen, was uns widerfährt. Immerhin sind wir ja ›eine königliche Priesterschaft, eine heilige Nation, Gottes auserwähltes Volk‹.«[2]

Der Gott des Suchtsystems ist Gott, der Kontrolleur. Es ist der Gott, den uns die Religion lehrt, hat aber in Wahrheit wenig mit dem des Alten und Neuen Testaments gemeinsam. Wenn uns jedoch die Möglichkeit offensteht, wie Gott zu handeln, müssen wir auch Kontrolle ausüben – und das tun wir!

Nehmen wir unsere führenden Politiker. Wir hatten einen Präsidenten und ein Kabinett, die beide der festen Überzeugung waren, sie hätten alles unter Kontrolle. Reagan glaubte nicht nur, er könnte alle Vorgänge auf diesem Planeten lenken und leiten; darüber hinaus glaubte er noch, er könne – mit SDI – das gesamte All kontrollieren!

Unser Kontrollbedürfnis ergibt sich nicht zufällig. Wenn unser System ein allmächtiges Gottesbild vermittelt und wir dies auf uns übertragen, dann ist es nur folgerichtig, daß wir unser Leben um die Illusion der Kontrolle einrichten. Jeder versucht jeden zu kontrollieren. Unsere Regierung sieht ihren Sinn in Regulierung und Kontrolle. Unsere Beziehungen nehmen die Qualität von Kontrollinstanzen an. Und unsere größte Angst liegt in der Vorstellung, wir könnten die »Kontrolle verlieren«: über uns, unsere Familien, unsere Umgebung.

Sogar als Eltern sehen wir unsere Hauptaufgabe in der Kontrolle, eine Tatsache, die mich überlegen läßt, ob einige der »Fakten« über Kindererziehung wirklich allgemeingültig sind oder ob sie nur im Suchtsystem zutreffen. Zum Beispiel: Ist die Rebellion unserer Jugend tatsächlich ein »normales« Entwicklungsstadium? Müßten sich Jugendliche zum Zweck ihrer Identitätsfindung auflehnen, wenn die Erwachsenen ihre Kontrollversuche aufgäben? Und was würde geschehen, wenn wir unsere Rolle als Eltern ohne Kontrollmechanismen ausfüllen würden?

Der Versuch, gottgleich zu sein, hat eine weitere Auswirkung: Der menschliche Organismus wird überstrapaziert und kann letzten Endes daran zugrunde gehen. Bei unseren ständigen Versuchen, Dinge zu kontrollieren, die außerhalb unseres Einflußbereichs liegen, gerät unser Körper in einen Zustand der Anspannung und Verkrampfung – wir können buchstäblich tot umfallen. Meiner Ansicht nach könnte unser Leben ziemlich streßfrei verlaufen, gäben wir endlich die Hoffnung auf, wir könnten alles in den Griff bekommen.

Lassen Sie uns nun noch einen Blick auf einen letzten Punkt werfen, der im Zusammenhang mit der Kontrollillusion steht: ihr Einfluß auf die psychosozialen Berufe und die Heilkünste.

Das psychosoziale Gebiet

Es ist kein Geheimnis, daß sich die meisten Ärzte als Götter fühlen, zumindest im Sinne dieses Systems. Sie sind überzeugt, Herr über Leben und Tod zu sein. Erst seit kurzem hat sich die Einsicht durchgesetzt, daß der einzelne Mensch seinen Heilungsprozeß aktiv beeinflussen kann, ja sogar *muß*, wenn er ein dauerhaftes Wohlbefinden anstrebt.

Normalerweise liegt bei der therapeutischen Arbeit der Schwerpunkt darauf, den Klienten »unter Kontrolle« zu bekommen, die bei ihm ablaufenden Prozesse aufzuhalten oder zu überwachen. Wenn der Patient auf diesem Weg, bei diesem Prozeß, eine falsche Richtung einschlägt, versucht der Therapeut, mit seinen Mitteln den Klienten wieder auf die richtige Spur zu lenken. Weist die Therapie als solche nicht den gewünschten Erfolg auf, werden Drogen oder andere Zwangsmaßnahmen eingesetzt.

Am deutlichsten läßt sich das Kontrollbedürfnis eines Therapeuten im Umgang mit Psychotikern erkennen. Aus eigener Erfahrung weiß ich, wie anstrengend die Arbeit mit solchen Klienten ist; manchmal sind sie angsteinflößend, und sie haben ihrerseits starke Kontrollbedürfnisse. Eine Psychose kann allerdings auch ein fruchtbarer und bedeutungsvoller Teil im Prozeß eines Klienten sein.

Die meisten Therapeuten fürchten meines Erachtens Klienten, die in der Arbeit mit ihren tieferen, unbewußten Schichten stecken (ganz zu schweigen, wenn es um ihre eigenen geht!). Ich habe nur sehr wenige professionelle Helfer beobachtet, die in der Lage waren, mit den emotionalen Reaktionen fertig zu werden, die gestörte Klienten bei ihnen selbst auslösten. Und noch weniger Therapeuten zeigen die Bereitschaft, ihre eigenen Kontrollbedürfnisse in Frage zu stellen. Hinzu kommt, daß Therapeuten im allgemeinen nur wenig über den Krankheitsprozeß – sowohl physischer als auch psychologischer Art – wissen oder kaum Erfahrung im Umgang mit ihm haben. Wir müssen noch herausfinden, was *Arbeit* mit einem Krankheitsprozeß bedeutet, ohne ihn dabei unter Kontrolle bringen zu wollen.

In den vergangenen fünfzehn Jahren habe ich einen Ansatz entwickelt, den ich Lebensprozesse-Therapie nenne. Diese Therapie umgeht das Kognitive und arbeitet mit anderen Teilen des Gehirns und Seins. Geschlossen wird dieser therapeutische Prozeß, indem die gewonnenen Einsichten auf der kognitiven Ebene betrachtet werden. Ich glaube, in diesem Prozeß vollzieht sich echte Heilung (und nicht bloße Anpassung).

Wie groß die Abhängigkeit der im Suchtsystem angewandten Therapien von jener Kontrollillusion ist, wurde mir zunehmend bei der Entwicklung meiner Lebensprozesse-Therapie bewußt. In der Psychoanalyse Freuds läßt sich diese Abhängigkeit besonders gut verfolgen. Gibt es eine Situation, die stärker auf Kontrolle ausgerichtet ist, als die, in der sich ein Klient hinlegen, das Gesicht abwenden, Regeln befolgen, fünfmal in der Woche erscheinen muß, nur sprechen darf, wenn er gefragt wird, und seinen Urlaub mit dem Therapeuten absprechen muß?

Bereits die Festlegung eines Ziels ist eine Kontrollmaßnahme, egal, wer das Ziel gesetzt hat, der Therapeut oder Therapeut und Klient gemeinsam.

Bei den moderneren Therapieformen (Gestalt-, Primär-, Familientherapie) müssen wir etwas genauer hinsehen, um zu erkennen, daß auch sie Teil dieses Kontrollmodells sind. Sie sind es wirklich. Wie die klassischen Therapien haben sie ihren Ursprung in einem nach Kontrolle strebenden Suchtsystem; wie die klassischen Therapien beruhen sie auf der Illusion, der Klient sei kontrollierbar. In einigen moderneren beispielsweise gab es jahrelange Diskussionen um das »Berührungsverbot«, das in den eher traditionell orientiert arbeitenden existierte, und jetzt sind sich alle einig darüber, daß Berührung notwendig und gut sei. Ich habe dennoch verschiedene, bekannte Therapeuten kennengelernt, die Berührung als Mittel zur Kontrolle eingesetzt und den Prozeß eines Klienten abgebrochen haben, wenn sie selber die Kontrolle verloren und/oder der Umgang mit einem solchen Prozeß sie überforderte. Meiner Meinung nach geht es nicht um die Frage, ob Berührung gut oder schlecht ist. Vielmehr liegt das Problem darin, ob die Berührung der Kontrolle dient und ob diese wiederum als gut und notwendig betrachtet wird.

Leider erfüllen weder die klassischen noch die modernen Therapien ihren eigentlichen Zweck. Sie heilen den Menschen nicht. Statt dessen begünstigen sie die Co-Abhängigkeit und bereiten die Anpassung des Menschen an die Suchtgesellschaft vor. Sie lindern nicht das Problem; sie erhalten es.

Kontrolle erfreut sich in unserem Suchtsystem großer Wertschätzung. Diese Beobachtung machte ich, als ich in Orlando, Florida, die Energie-Ausstellung im Epcot-Center besuchte. In dieser Ausstellung war die Illusion von Kontrolle durchgängig zu spüren. Energie, hieß es, sei der Schlüssel zur »Nutzbarmachung der Kraft unseres Universums«. Welch eine Idee!

Süchtige, die ihr Leben ändern wollen, wissen, daß sie ihre Kontrollversuche aufgeben müssen, um gesund zu werden. Wenn wir genesen wollen, müssen wir einen Systemwechsel herbeiführen. Das heißt, wir müssen uns von Kirchen abwenden, die unsere Spiritualität zu beherrschen suchen; wir müssen von Schulen Abstand nehmen, die unsere Meinungen und Verhaltensweisen kontrollieren wollen; wir müssen uns von Beziehungen trennen, die durch Kontrollmechanismen bestimmt sind. Wir müssen uns eingestehen, daß unsere Gesellschaft auf einer Illusion aufbaut, nämlich alle Vorgänge und alles Leben unter Kontrolle zu haben. Und wir müssen erkennen, daß das System, in dem wir leben, ein Suchtsystem ist.

Unehrlichkeit

Aktive Alkoholiker sind Meister im Lügen. Ob es um das »wieviel«, »wann«, »wo«, »mit wem« und »ob« geht, sie lügen. Häufiges und gewohnheitsmäßiges Lügen ist ein leicht erkennbares Zeichen von Alkohol- und Drogenmißbrauch.

Das Suchtsystem ist, ähnlich wie der Trinker, von Grund auf unehrlich; allerdings auf eine etwas subtilere Weise.

Als ich an meinen Ideen über das Suchtsystem arbeitete, mußte ich mich erst einmal mit den Feinheiten des Lügens vertraut machen. Es war nicht ganz einfach. Meine ganze Kindheit über wurde mir erzählt, wie wichtig es sei, die Wahrheit zu sagen. Egal, was ich angestellt hatte, ich handelte mir stets weniger Ärger ein, wenn ich ehrlich war und nicht log. Aus diesem Grund hatte ich wenig Übung im Entlarven von Lügen und ebensowenig im Umgang mit ihnen.

Inzwischen habe ich diesbezüglich einige Erfahrung sammeln können. Eine Zeitlang arbeitete ich in der Abteilung für Sicherheitsverwahrung im Bellevue Hospital in New York. Da ich von den Leuten dort nur Lügen erwartete, war es recht einfach, sie dabei zu ertappen. Zudem habe ich ein paar richtige Erzlügner kennengelernt und mit ihnen gelebt. Meine Fähigkeiten als Lügendetektor haben sich dadurch enorm verbessert!

Die drei verschiedenen Stufen des Lügens

Bei meiner Arbeit habe ich gelernt, daß es Lügen verschiedener Art gibt, die sich in drei Stufen unterteilen lassen. Die erste Stufe ist, sich selbst zu belügen. Jede Sucht, sei sie substanz- oder prozeßgebunden, verfolgt ein Hauptziel: Sie unterbindet den Kontakt zwischen dem Menschen und seinen Gedanken und Gefühlen. Wer nicht weiß, was er fühlt und denkt, für den wird Ehrlichkeit sich selbst gegenüber zur absoluten Unmöglichkeit. Dann aber wird es ebenso unmöglich, anderen gegenüber Ehrlichkeit zu zeigen. Süchtige sind aus diesem Grund ständig damit beschäftigt, alle Menschen in ihrem Umkreis zu belügen – dies ist die zweite Stufe. Die Folge sind unehrliche Beziehungen und schließlich ein unehrliches Familiensystem.

Das Familiensystem, das von Unehrlichkeit zersetzt ist, führt uns zur dritten Stufe: Lüge der Welt gegenüber. In der Öffentlichkeit gilt die Alkoholikerfamilie oft als besonders stabil und mustergültig. Nach außen spielt sie friedlich Theater, und zu Hause herrscht das Chaos. Unterdessen wird von allen Mitgliedern der Familie die Aufrechterhaltung dieser Lebenslüge erwartet. Ihr Leben wird immer verworrener und verrückter, bis sie allmählich ihren eigenen Wahrnehmungen nicht mehr trauen. Die Fähigkeit, zwischen Wahrheit und Lüge zu unterscheiden, geht ihnen verloren, und ihr Vorrat an Ehrlichkeit schrumpft zunehmend.

In der Sprache der Anonymen Alkoholiker ist der Süchtige ein »Betrüger«. Jeder von uns weiß, wie ein gewiefter Betrüger vorgeht: Er wird uns übers Ohr hauen, die Wahrheit über sich und das Produkt, das er uns anbietet, verschweigen und uns bei der erstbesten Gelegenheit ausnutzen. Süchtige sind furchtbare Betrüger. Besondere Spitzfindigkeit haben sie darin entwickelt, herauszufinden, was gerade angebracht scheint und welches Verhalten erwartet wird. So treten sie dann auf, auch wenn alles nichts mehr mit ihrer Person oder Stellung zu tun hat.

In meiner Praxis sind mir einige wirklich begabte Betrüger begegnet. Die meisten waren charmant und liebenswürdig, Menschen, die aufrichtig zu sein schienen und sich hochherzig und großzügig zeigten; allesamt waren sie Lügner. Jeder von ihnen wollte »Eindruck schinden«, das heißt, sie erzählten mir Dinge, von denen sie glaubten, ich wolle sie hören. Gewöhnlich hatten sie jeden Bezug zur Realität ihrer Lebensumstände und Verhaltensweisen verloren, so daß sie ihre Unehrlichkeit gar nicht mehr wahrnehmen konnten. Allein die Lüge vermittelte ihnen das Gefühl, Kontrolle über eine Welt zu besitzen, die sie sonst als erschreckend und bedrohlich empfanden.

Hinter diesen Lügen verbarg sich oft die Angst, es würde sie niemand mögen, wenn sie ihr wahres Gesicht zeigen und sich so geben würden, wie sie in Wirklichkeit waren. Mit den Lügen, die sie über sich verbreiteten, versuchten sie, über Meinungen und Gefühle, die andere in bezug auf ihre Person hatten, die Kontrolle zu gewinnen.

Die drei »Wenns« des Süchtigen

In einem Suchtsystem offenbart sich Unehrlichkeit durch die drei »Wenns« des Süchtigen: *wenn nur, als wenn* und *was, wenn.* Die erste Variante – »wenn nur« – ist die Unehrlichkeit gegenüber der Vergangenheit; die zweite »als wenn«-Variante ist Unehrlichkeit in bezug auf die Gegenwart; und die »was wenn«-Variante ist Unehrlichkeit hinsichtlich der Zukunft.

Sagt ein Süchtiger »wenn nur«, so signalisiert dies seinen Versuch, die Vergangenheit mit Hilfe einer Lüge zu verändern und zu kontrollieren: »Wenn nur meine Mutter anders gewesen wäre, dann hätte ich ...« – »Wenn ich nur eine bessere Schule besucht hätte, dann wäre ich ...« – »Wenn ich damals bloß Glück gehabt hätte, vielleicht könnte ich ...«. »Wenn nur« ist eine Möglichkeit, die Auseinandersetzung mit der Vergangenheit zu vermeiden.

Wer »wenn nur« sagt, hat den Kontakt zu den Abläufen und Ereignissen in der Vergangenheit verloren; dagegen fehlt den »als wenn«- Menschen der Bezug zur Gegenwart. Sie sind wie Schauspieler, die niemals aus ihrer Rolle schlüpfen.

Ich habe einen Bekannten, der die lebendige Verkörperung der »als wenn«-Variante ist. Er wuchs in einer Alkoholikerfamilie heran und entwickelte so gut wie keine eigene Identität. Er war sehr intelligent, hatte einen Doktortitel in Psychologie und verbrachte sein Leben damit, so zu scheinen, »als wenn« er normal wäre. Die Vorstellung, jemand könnte ihm Sympathie entgegenbringen, wenn er sein »wahres« Selbst zeigen würde (wer immer das auch war!), war ihm unbegreiflich – so gründlich hielt ihn sein »als wenn«-Selbst gefangen.

Unsere Freundschaft basierte auf einem unausgesprochenen Vertrag: Wir beide mußten ihn so sehen, wie er gesehen werden wollte. Wenn ich ihn sehen würde, wie er tatsächlich war, und ihn trotzdem mögen würde, könnte er die Freundschaft nicht länger ertragen. Dann hätte ich den Vertrag gebrochen und wäre ihm zu nahe getreten.

»Als wenn«-Menschen haben die Fähigkeit, sich so lange zu verstellen, bis andere sie mögen; allerdings haben sie nie die Gewißheit, ob die anderen eine Verbindung mit ihrem wahren oder mit ihrem gespielten Selbst eingegangen sind. Die Wahrheit herauszufinden, dieses Risiko wiederum können sie nicht eingehen. Infolgedessen vermitteln ihnen Beziehungen niemals das Gefühl von Sicherheit, da sie diese nie überprüfen können.

»Was wenn«-Menschen sind völlig auf die Zukunft fixiert. »Was, wenn dieses geschieht?« – »Was, wenn jenes geschieht?« In dem Versuch, die Zukunft unter Kontrolle zu bekommen – was nicht möglich ist –, decken sie die Gegenwart zu. Im Umgang mit sich selbst und ihren Mitmenschen sowie in ihren auf die Zukunft bezogenen Erwartungen ist die Unehrlichkeit stets offenkundig. Schon die Tatsache, daß sie nicht in der Gegenwart leben, zwingt sie zur Unehrlichkeit. Und wenn sie ihre Gegenwart so gestalten, daß ihre projizierten Ängste auch wirklich eintreffen – dann ist dies ebenfalls unehrlich.

Einige meiner Klienten befinden sich in verschiedenen Stadien ihrer Genesung von ihrer Sucht, doch für alle gilt: Die kleinste und banalste Lüge oder Unehrlichkeit wirft sie in ihre Krankheit zurück und gefährdet ihr Trocken-Sein, ihre Klarheit. Nichts ist schlimmer als eine harmlose Lüge.

Früher dachte ich, lügen würde nur, wer in die Enge getrieben ist, wer Angst hat, wer aus Lügen irgendeinen Nutzen ziehen kann oder etwas getan hat, das er – aus welchen Gründen auch immer – nicht zugeben mochte. Komischerweise ergab diese Art von Lügen einen Sinn für mich; mir leuchtete ein, warum jemand aus solchen Gründen unehrlich war. Inzwischen bin ich zu einer anderen Einsicht gelangt: Lügen müssen nicht einmal einen Sinn haben. Süchtige, Co-Abhängige und Menschen, die in einem familiären Suchtsystem aufgewachsen sind, brauchen keinen Grund zum Lügen. Oft kennen sie einfach nicht den Unterschied zwischen Unehrlichkeit und Wahrheit. Vielleicht merken sie nicht einmal, wenn sie lügen.

Ich möchte Ihnen im folgenden Abschnitt einige Beispiele aus meiner eigenen Erfahrung erzählen. Sie werden sehen, wie sehr Unehrlichkeit ein Bestandteil unseres Alltags geworden ist.

Eines Abends hatte ich eine Freundin eingeladen, und zu diesem Anlaß wollte ich Tacos zubereiten. Ich hatte gerade begonnen, das Fleisch zu schneiden, als sie mir ihre Hilfe anbot. Ich schlug vor, sie könne den Salat und die Tomaten zurechtmachen. Als ich mich umdrehte, lagen die Salatblätter dekorativ auf einer Platte, dazwischen die Tomaten, sorgfältig gestückelt.

»So macht man die Tomaten und den Salat für Tacos nicht zurecht«, sagte ich. Sie antwortete: »Ich habe nicht mehr oft gekocht, seitdem ich geschieden bin.«

Was war das für eine Antwort? Verwirrend und im Grunde eine Lüge, da sie nichts mit meiner Äußerung zu tun hatte.

An diesem Punkt hätte ich aussteigen können, statt dessen aber sagte ich: »Das tut nichts zur Sache.« Worauf sie konterte: »Na schön, ich wußte eben nicht, wie *du* Tacos machst.«

Schon wieder! Sie hatte es noch einmal getan. Mit der mir eigenen Hartnäckigkeit wollte ich ihr das nicht unbemerkt durchgehen lassen. »*Jeder* macht Tacos auf die gleiche Art«, beharrte ich. »Du lügst«, fuhr ich fort, »du willst einfach nicht zugeben, daß du nicht weißt, wie man Tacos zubereitet. Aber was ist schon dabei, wenn du es nicht weißt? Mir ist es egal. Meiner Katze ist es egal. Meinem Hund auch. Genauso wie meinem Sohn. Und meine Sekretärin schert sich auch nicht darum. Es ist in Ordnung; deshalb mußt du nicht lügen. Lügen sind mir nämlich *nicht* egal.«

Bei meinen Worten fuhr sie hoch, doch nur wenig später gestand sie mir, ich hätte recht gehabt; sie *hatte* gelogen. Sie wußte wirklich nicht, wie Tacos zubereitet werden, und dies einzugestehen machte ihr Angst.

Die ganze Interaktion war äußerst verwickelt, doch eine der beiden an ihr beteiligten Personen hatte einen klaren Blick für die Abläufe behalten! Nun stellen Sie sich vor, was geschieht, wenn beide Parteien unehrlich sind! Viele von uns sind in Familien herangewachsen, in denen solche Wortwechsel die Regel sind.

Eine andere Bekannte von mir hatte die Eigenart, auf Fragen überschwenglich, emotional und dabei recht einsilbig zu antworten. Ihre Antworten kamen unvermittelt und verwirrend. Fragte ich sie etwa: »Wie gefällt dir diese purpurrote Büroklammer?«, sagte sie: »WUNDERSCHÖN«.

Nun wußte ich natürlich, daß eine purpurrote Büroklammer nicht so viel Enthusiasmus hervorrufen konnte. Ich wußte auch, daß meine Bekannte sich selten tiefergehend für eine Sache begeistern konnte. Ihre Reaktionen und Verhaltensweisen hatten sich vollkommen auf ihre Suchtmuster und »Wenns« eingestellt, so daß ihr jeglicher Kontakt zu ihren eigentlichen Empfindungen fehlte.

Ich ließ nicht locker. »Du lügst«, sagte ich. »Eigentlich interessiert dich diese Büroklammer gar nicht. Du sagst das nur, weil du glaubst, ich möchte es hören.«

Meine Bekannte war völlig in ihrer »als wenn«-Persönlichkeit gefangen, obwohl sie eigentlich nur höflich sein wollte. Sie wußte, daß in meinem Freundeskreis ein ziemlich enthusiastischer Umgangston gepflegt wird, und sie wollte gern dazu gehören. Daß ich sie auch mochte, wenn sie die purpurrote Büroklammer *abscheulich* gefunden hätte – diese Tatsache wollte sie nicht wahrhaben. Ich mochte sie ja schon; ich hatte sie längst akzeptiert, allerdings nicht, weil sie mich durch Kontrolle und Manipulation dazu gebracht hatte.

Ein weiteres Beispiel: Ich bilde Suchtberater in Lebensprozesse-Therapie aus. Mit einem dieser Kurse machte ich einen Ausflug an den Strand. Wir waren zusammen in einem großen Kombi hingefahren. Auf der Rückfahrt wechselten ein paar Leute die Plätze. Die Frau, die auf der Hinfahrt neben der Fahrerin gesessen hatte, wollte nun hinter ihr sitzen.

Als wir losfuhren, tippte sie der neuen Beifahrerin auf die Schulter und sagte: »Meine Handtasche liegt unter Ihrem Sitz. Geben Sie sie mir, dann ist sie Ihnen nicht im Weg.«

»Sie ist mir nicht im Weg«, entgegnete die Frau. »Sie können sie ruhig liegen lassen.«

»Schön, aber ich möchte meine Brille einpacken«, erwiderte die erste Frau.

»Halt«, sagte ich zu ihr. »Das ist eine verwirrende Interaktion. Sie brauchen doch nur zu sagen ›Ich möchte meine Handtasche‹. Sie glauben, Sie wären höflich, aber in Wirklichkeit sind Sie unehrlich.«

Es war eine harmlose Unaufrichtigkeit. Die betreffende Frau ist jedoch eine trockene Alkoholikerin. Sie darf sich nicht die leichteste Unehrlichkeit leisten. Das wußte sie, deshalb akzeptierte sie ihre Unehrlichkeit *und* bekam ihre Handtasche.

Und ein letztes Beispiel: Vor kurzem nahm ich mit einigen Freundinnen und Familienangehörigen an einem Whale-Watching teil. Eine meiner Freundinnen wollte unbedingt mit mir reden. Die beste Gelegenheit hierfür, mußte sie für sich entschieden haben, wäre ein für den Nachmittag vorgesehener Strandspaziergang.

Sie hatte diese Entscheidung ohne meine Zustimmung getroffen. Hätte sie mich gefragt, würde ich ihr erklärt haben, daß Strandspaziergänge eine meiner Lieblingsbeschäftigungen sind. Ich kann mich dabei vollkommen entspannen und führe in dieser Zeit lieber keine ernsthaften Gespräche.

Zu dritt gingen wir an den Strand. Meine Freundin hielt sich eng an meiner Seite, was mich zunächst nicht störte. Nach einer Weile jedoch spürte ich einen stechenden Schmerz in meinem Rücken. Vielleicht, dachte ich, liegt es an deiner krummen Haltung, und ich versuchte, mich gerade zu halten. Aber der erhoffte Effekt blieb aus. Dann merkte ich, daß ich mich dauernd der dritten zuwandte und sie aufforderte, sie möge sich die Muscheln ansehen, die ich gefunden hatte; ich benutzte sie als Puffer. Jedesmal, wenn ich mein Schrittempo steigerte, zog meine Freundin mit, und jedesmal, wenn ich langsamer wurde, wurde sie es auch. Ich drehte mich um und blickte auf die Spuren, die wir im Sand zurückgelassen hatten: Meine Fußstapfen kreuzten im Zickzackkurs den Strand und wurden die ganze Strecke entlang von einem zweiten Paar begleitet.

Ich fühlte mich erschöpft und ausgelaugt, und nebenbei hatte ich noch Rückenschmerzen (oft registriert mein Körper Signale, bevor sie meinen Verstand erreichen). Angeblich hatte sich meine Freundin uns angeschlossen, um Muscheln zu sammeln. In Wirklichkeit wollte sie mit mir sprechen. Da ich nicht wußte, was sie vorhatte, konnte ich selbst keine Wahl treffen. Mein Nachmittag war zerrissen, wenn nicht gar verdorben. Das Verhalten meiner Freundin war von ihrem Kontrollbedürfnis und ihrer Unehrlichkeit bestimmt, und letztendlich bekam keine von uns, was sie wünschte.

Jedes dieser Beispiele veranschaulicht ein Symptom für die Vorgänge und Abläufe in Suchtsystemen. Zwar befanden sich alle vier soeben erwähnten Personen auf dem Weg der Genesung, und sie gaben sich nicht mehr mit augenfälligen Unehrlichkeiten ab, wie sie für Süchtige charakteristisch sind – die Lügen über das Trinken, die Drogen, das Essen oder die Beziehung –, und trotzdem hatten sie noch einen langen Weg vor sich.

Es ist anstrengend, mit Unehrlichkeit umzugehen, auch wenn sie harmlos und unbedeutend ist. Alle Beteiligten müssen enorme Energien aufwenden, um Verhalten und Situationen richtig zu interpretieren. Kommunikation wird zu einem Lügennetz. Eine Frage zu stellen, wenn wir gar keine Antwort erwarten, ist unehrlich. Genauso ist es unehrlich, eine Frage zu stellen, wenn wir eigentlich eine Aussage treffen möchten. Unehrlichkeit ist tückisch. In unserem Kulturkreis ist sie jedoch alltäglich.

Unehrlichkeit als Norm im Suchtsystem

»Ehrlich werden« ist ein Bestandteil der Genesung. Das weiß jeder, der mit Süchtigen gearbeitet hat. Ehrlich werden heißt, wieder Zugang und Kontakt zu den eigenen Gefühlen zu finden, den Umgang mit ihnen zu beherrschen, egal, welcher Art die Gefühle auch sein mögen. Tritt auf diesem Gebiet eine Besserung ein (und nicht davor), kann der Süchtige seinen Mitmenschen und seiner Umwelt wieder offen und ehrlich begegnen.

Vielleicht ist Ehrlichkeit hin und wieder schmerzhaft und unbequem, aber sie ist niemals destruktiv – im Gegensatz zur Unehrlichkeit. Das Suchtsystem setzt auf Unehrlichkeit. In diesem System wird von uns erwartet, daß wir Steuern hinterziehen und den größtmöglichen Gewinn herausschlagen. Der Leitsatz heißt: Nur Verrückte sind ehrlich. Wenn Frauen eine Stelle antreten und versuchen, sich mit Ehrlichkeit durchzusetzen, werden sie für naiv gehalten. Wer eine Führungsposition übernimmt, wird im Betrügen geschult. Wir alle lernen, daß wir so tun müssen, »als wenn« wir etwas wüßten, auch wenn es nicht stimmt.

Erst vor kurzem wurde ich mir einer subtilen, hintergründigen »Lüge« bewußt, die von allen Fluggesellschaften fortwährend verbreitet wird. Ein Flugzeug, erklären sie, startet zu dieser oder jener Zeit. Bitte verstehen Sie mich hier nicht falsch. Manchmal ist ein verspäteter Abflug mein eigener Vorteil, so daß er mich nicht weiter stört. Was mir jedoch auffiel, war: »Pünktlichkeit« und »Verspätung« sind Begriffe des Suchtsystems, die auf einem Kontrollsystem aufbauen. Mich faszinierte in zunehmendem Maße die in der Aussage versteckte Lüge, mit der uns die Fluggesellschaften vormachen, sie wüßten, wann ein Flugzeug startet. Eigentlich meinen sie doch, ein Flugzeug wird nicht *vor* einer festgelegten Zeit starten. Das heißt für mich: Wenn ich als Passagier in einem bestimmten Flugzeug reisen möchte, muß ich mich ein paar Minuten vor der angegebenen Abflugzeit einfinden. Keine Fluggesellschaft kann eine verbindliche Startzeit nennen. Dies hängt vom Wetter ab, der Mechanik, dem Gepäck, den Flugplänen und allen möglichen anderen Umständen. Im Suchtsystem empfinden wir die grundlegende Unehrlichkeit einer solchen Aussage als normal, *aber* sie ist und bleibt eine Unehrlichkeit. Die Fluggesellschaften könnten ebensogut ehrlicher sein und dennoch ihr Geschäft mit uns machen, aber bedauerlicherweise haben auch sie ihren Betrieb nach den Prinzipien des Suchtsystems ausgerichtet. Natürlich hat diese Unehrlichkeit keine gravierende Bedeutung; aber sie ist wesentlich, denn sie zeigt uns, wie alltäglich und akzeptiert Unehrlichkeit in diesem System geworden ist.

Auf der persönlichen Ebene lernen wir zu lügen, um »nicht die Gefühle anderer zu verletzen«. Aber das ist an sich schon eine Lüge. Wir wollen uns selber nicht weh tun – das ist der eigentliche Beweggrund. Ehrlichkeit hat Konsequenzen, und darauf lassen wir uns nur ungern ein; genauso ungern lassen wir uns auf die Konfrontation mit den Gefühlen anderer Menschen ein.

Vor ungefähr zwei Jahren nahm ich an einem Treffen mit einigen Frauen teil, die ich schätze und sehr mag. Wir redeten über unsere Arbeit. Ich erzählte ihnen aus meiner Praxis, wie aufregend manches für mich sei und welche Bedeutung die Beratungsarbeit meiner Ansicht nach hätte. Zwei der anwesenden Frauen waren besonders freundlich zu mir und überhäuften mich mit Komplimenten. Später sagten sie allerdings zu einer dritten Frau, ich hätte mich selber »über den grünen Klee gelobt«.

Selbstverständlich war ich verletzt: aber weniger aufgrund ihrer Meinung über mich (die stimmte mich eher traurig, andererseits dachte ich, das sei ihr Problem). Als wirklich verletzend empfand ich ihre Unehrlichkeit mir gegenüber, indem sie mir das eine Gesicht zeigten, einer zweiten Person dagegen das andere.

Diese Art der zwischenmenschlichen Unehrlichkeit ist quer durch unsere Kultur zu verfolgen. Besonders offenbart sie sich in sexuellen Beziehungen. Die meisten mir bekannten Frauen gestehen, daß ihre sexuellen Beziehungen nicht ehrlich sind. Sie schlafen mit einem Mann, wenn sie es eigentlich nicht möchten (und ärgern sich hinterher); sie täuschen Orgasmen vor, um ihre Ehemänner zu beglücken; und sie bemühen sich verzweifelt um ein Verhalten, von dem sie glauben, es werde von ihnen gewünscht.

»Nett-Sein« ist eine weitere, noch heimtückischere Form der Unehrlichkeit. Einige der liebenswürdigsten Menschen, die mir je begegnet sind, kochten innerlich vor Wut. Oft ist Nett-Sein nichts anderes als ein Ausdruck von Kontrolle. Wenn wir gut und nett sind, verhindern wir die Konfrontation mit unserem Gegenüber. In meinem Buch ›Weibliche Wirklichkeit‹ erwähnte ich die »gute christliche Märtyrerin«, die Frau, die sich für ihre Mitmenschen aufopfert, für sie leidet und hierdurch Macht über sie gewinnt. Es überrascht nicht, daß Nett-Sein gerade in der Kirche einen ihrer vehementesten Fürsprecher hat.

Unehrlichkeit macht auch nicht vor unserem politischen System und unserer Regierung halt. Nach dem Attentat auf Präsident Ronald Reagan hörte ich die Live-Übertragung eines Interviews mit dem Chefarzt des Krankenhauses, in das Reagan gebracht worden war. Ich war erstaunt, mit welcher Offenheit und Ehrlichkeit der Arzt die an ihn gerichteten Fragen beantwortete. Er sprach über die Schußwunden, den Grad der Verletzungen, die von ihr betroffenen Organe und über mögliche, wenn nicht sogar mit Wahrscheinlichkeit auftretende Komplikationen. Es war spannend, die Wahrheit zu hören, ein seltener Genuß, direkte und ehrliche Informationen aus Washington zu bekommen. Ich war nahe daran, die an mir vorbeifahrenden Autos auf der Schnellstraße anzuhalten und ihnen zuzurufen: »Hören Sie sich das an. So etwas ist Ihnen noch nicht zu Ohren gekommen.« Natürlich war nie wieder etwas von diesem Arzt zu hören. Von da an übernahm der Pressestab des Weißen Hauses die Aufgabe, die für die Öffentlichkeit bestimmten Informationen auszuwählen.

Denken wir nur an unsere Werbung, unsere Betriebe, die Bauqualität unserer Brücken oder einfach an die Geschichten, die uns die Eltern über das »wahre Leben« erzählen: Dann kommen wir nicht mehr um die Feststellung herum, daß wir in einem System leben, das die Unehrlichkeit zur Norm erhoben hat. Wir können nicht glauben, was andere sagen. Ein Ehrenwort ist genausowenig wert wie das Versprechen eines Trinkers, sich zu bessern. Wir haben die Unehrlichkeit in unser System integriert und nehmen sie als normal hin.

Gestörte Denkprozesse

Unter den Leuten, die sich mit chemischen Abhängigkeiten befassen, werden drei wichtige Begriffe verwendet: der trockene Trinker, Nüchternheit (Klarheit) und – wie die Anonymen Alkoholiker es nennen – das »kaputte Denken«.

Trockene Trinker sind Menschen, die das Trinken aufgegeben haben, aber noch alle Merkmale, Verhaltensmuster und Haltungen eines Trinkers aufweisen. Ihre Denkprozesse funktionieren noch wie in den alten Zeiten des Alkoholmißbrauchs: Sie sind verwirrt, zwanghaft, grüblerisch, paranoid und drehen sich im Kreis. Manchmal hat es den Anschein, als seien trockene Trinker in ihrer Psyche gestört, sie wirken angsteinflößend, gefährlich und so, als könnten sie jeden Moment gewalttätig werden.

Klare Menschen treten ganz anders auf. Sie sind gelassen, ehrlich, nüchtern, nicht abhängig und nicht selbstbezogen. Sie haben wie ich es nenne – einen Systemwechsel vollzogen, das heißt, sie haben dem Leben im Suchtsystem den Rücken gekehrt.

Unter dem »kaputten Denken« verstehen die Anonymen Alkoholiker die gestörten Denkprozesse des Süchtigen. Diese mögen im Suchtsystem vielleicht als rational und logisch gelten, doch im Grunde ergeben sie fast nie einen Sinn. Oft stellen sie Versuche dar, »Dinge wieder unter Kontrolle zu bekommen« – eine Illusion –, und ihre Ursache ist meistens die pure Angst.

Normalerweise liegen diesen wirren Gedankengängen unbewußte Motive zugrunde. Vielleicht möchten die Betreffenden etwas verbergen, was in der Vergangenheit liegt; oder sie scheuen sich, Empfindungen wie Angst oder Unbehagen offen zu zeigen. Anstatt die Verantwortung für ihre Gefühle zu übernehmen, bauen sie sich eine Nebelbank –

ich nenne sie auch »Elektronenwolke« –, aus der verwirrende Interaktionen entstehen. Die Qualität ihres Denkvermögens verschlechtert sich im selben Maße wie ihre zwischenmenschlichen Beziehungen.

Eine meiner Klientinnen – eine ehemalige Alkoholikerin – litt unter einer früheren Affäre ihres Mannes. Sobald sie in ihre Krankheit abrutschte oder in die Muster des trockenen Trinkers zurückfiel, drehten sich ihre Gedanken im Kreis. Das hörte sich dann etwa folgendermaßen an: »Ich weiß, daß er nicht mehr mit ihr zusammen ist ... aber ich habe trotzdem Angst, daß er mich belügt ... Was ist, wenn er wieder mit ihr zusammensein will? ... Oder wenn er es vielleicht *schon* ist? .. Ich bin eine Stunde durch die Straßen gefahren und habe versucht, die beiden zu erwischen ... Das ist verrückt, ich weiß, aber ich kann nicht anders ...« Dann fragte sie mich: »Was glauben *Sie*?«

»Nun, er macht ebenfalls eine Therapie bei mir, und ich weiß, daß die Affäre vorüber ist«, antwortete ich. Worauf sie stets erwiderte: »Ja, das weiß ich auch ... aber was ist bloß, wenn sie nicht vorüber ist?«

Im-Kreis-Denken, wirres Denken – es ist wie ein Sog, der uns nicht mehr losläßt. Wenn wir diese Denkprozesse nicht bewußt aufhalten, können sie zwanghaft werden. Menschen mit einer derartigen Denkweise kauen wieder und wieder dieselben Dinge durch, ohne jemals ein Problem zu lösen oder zu einem Ergebnis zu kommen. Angst und Streß nehmen dabei zu. Das »kaputte Denken« verursacht Schmerzen, körperliche und emotionale.

Gestörte Denkprozesse können mit der Zeit in paranoide Denkprozesse übergehen. Wir wissen, daß etwas logisch und rational *scheint*, wenn wir erst einmal die Voraussetzungen des paranoiden Wahns akzeptiert haben – nur ergibt es keinen Sinn! Oft ist das Denken in unserem System ebenfalls von Logik und Rationalität geprägt. Nur: Es ergibt keinen Sinn.

Im Extremfall kommen diese gestörten Denkprozesse der Schizophrenie sehr nahe. Wenngleich ich auf diesem Gebiet keine tieferen Kenntnisse besitze, so vermute ich doch, daß beide Denkweisen in direktem Zusammenhang stehen. Vielleicht ist Schizophrenie eine Folge unseres Lebens im Suchtsystem. Ich halte dies für möglich. Es wäre interessant, herauszufinden, wieviele Menschen, denen Schizophrenie attestiert wird, gleichzeitig aktive Süchtige sind oder aus Suchtfamilien stammen.

Das Denken im Suchtsystem ist in hohem Maße abhängig von den Funktionen der linken Gehirnhälfte. Es sind die in unserer Gesellschaft hochgeschätzten linearen, rationalen und logischen Denkleistungen. Sie untermauern unsere Kontrollillusionen, indem sie die Welt bis zu einem solchen Grad vereinfachen, daß uns als möglich erscheint, sie unter Kontrolle zu haben.

Im vierten Mythos des Männlichen Systems steckt die Behauptung, wir könnten völlig logisch, rational und objektiv denken. Wenn wir dies glauben, dürfen sowohl wir als auch andere nicht erfahren, wenn unser Denken *nicht* in logischen, rationalen und objektiven Bahnen verläuft. Dieser Betrug zwingt uns häufig dazu, eigene Erfahrungen einfach zu ignorieren.

Wenn wir beispielsweise im Suchtsystem leben und arbeiten, verwenden wir enorm viel Zeit und Energie darauf, sinnlose Anordnungen und Äußerungen von »Vorgesetzten« zu befolgen, sie zu umgehen oder gegen sie anzukämpfen. In meiner Funktion als Unternehmensberaterin sind mir eine ganze Reihe solcher Äußerungen zu Ohren gekommen. Meistens gehen ihnen bestimmte, auffällige Verhaltensmuster voraus.

Wenn jemand in einer Führungsposition eine derartige Erklärung abgibt (hier muß ich festhalten, daß diese Eigenart unter Männern weiter verbreitet ist als unter Frauen), bläst er sich innerlich auf, um ein Stück größer zu werden (puff, puff, puff). Dann faßt er an seinen Gürtel und/oder rückt ihn zurecht, wobei er sich gleichzeitig räuspert. (Offenbar muß es einen Zusammenhang zwischen der Dauer des Räusperns und der Absurdität der gleich folgenden Aussage geben.) Mittlerweile weiß ich genau, daß ich wieder »einen von der Sorte« vor mir habe, und ich reiße mich zusammen.

Schließlich gibt die betreffende Person eine Erklärung ab, die wirklich abwegig ist und jeglicher Sinnhaftigkeit entbehrt: »Ich bin vollkommen überzeugt, daß Sekretärinnen besser arbeiten, wenn sie nichts über die Bedeutung und die Zusammenhänge der Projekte erfahren, an deren Unterlagen sie tippen. Wenn sie einen zu großen Einblick haben, engagieren sie sich emotional, und das verwirrt sie.« Ich warte einen Moment lang, und dann lache ich los; die gesamte Vorstellung *ist* wirklich komisch.

Es folgen spannende Sekunden, in denen der Mann normalerweise wieder etwas von seiner Größe verliert, er lächelt einfältig. An diesem Punkt sage ich: »Das ist doch wirklich nicht plausibel, oder?« Meistens stimmt er bereitwillig zu, und wir können uns sofort auf eine klarere Gesprächsebene begeben.

Allerdings möchte ich hier betonen: Diese Methode ist für den Berater einfacher als für den Angestellten! Die Situation ist zugegebenermaßen komplizierter, wenn der Erwerb des Lebensunterhalts von Vorgesetzten abhängt, die Unsinn von sich geben. In solchen Fällen muß die Belegschaft ihre Energien darauf verwenden, verrückte Aussagen anzufechten, zu umgehen oder zu untergraben. Oder sie muß ihnen – entgegen besserem Wissen – Folge leisten. »Kaputtes Denken« ist zu unserem größten »Wissensschlucker« geworden.

Gestörte Denkprozesse treten besonders offenkundig in der Politik auf. Verwirrung ist die Norm der politischen Redekunst. Wenn wir die Reden unserer führenden Politiker hören, vermögen wir ihre Aussagen oft nur unter Schwierigkeiten (wenn überhaupt) zu verstehen, ganz zu schweigen von ihren Andeutungen und wohlüberlegten Halbinformationen. Das Werkzeug der Politik sind Anspielungen, Vermutungen, vage Aussagen und planmäßige Falschinformationen.

Vermutungen

»Kaputtes Denken« entsteht nicht von selbst. Wenn wir mit unklaren und verwirrenden Aussagen konfrontiert werden, müssen wir reagieren: Wir stellen Vermutungen an. Diese rufen dann ihrerseits unklare Denkprozesse und noch mehr Verwirrung hervor.

Ein Vorfall bei einem meiner Workshops verdeutlicht recht treffend, wozu dieser Mangel an Klarheit führen kann: Wir hatten zum Nachtisch Äpfel gebraten. Ich konnte meinen nicht mehr essen, deshalb brachte ich ihn in die Hütte, die ich mit einer der Teilnehmerinnen gemeinsam bewohnte, und legte ihn in den Kühlschrank, mit der Absicht, ihn später zu essen. Da es ganz offensichtlich mein Apfel war, kam ich nicht auf den Gedanken, meine Mitbewohnerin könnte ihn nehmen.

Als ich ihn später holen wollte, war er weg. Meine Zimmerkollegin – eine Frau mit Eßstörungen – hatte ihn wirklich hinuntergeschlungen. Ich sagte ihr, daß mir das nicht paßte. Ihre Antwort war: »Ich nahm an, Sie wollten ihn nicht, da Sie ihn nicht gegessen haben.«

Sie hatte zwei Vermutungen aufgestellt und nicht eine mit mir abgeklärt: Erstens »vermutete« sie, ich wolle den Apfel nicht, und zweitens, es wäre in Ordnung, wenn sie ihn aufäße. Ihre Vermutungen dienten ihr dazu, ihr wirres Denken zu unterstützen und ihre zwanghaften Eßgewohnheiten zu befriedigen.

Wenn wir in einem Suchtsystem leben, benutzen wir unsere intellektuellen Fähigkeiten, um Vermutungen anzustellen, die rechtfertigen, was wir meinen, zur Unterstützung unserer Sucht tun zu müssen. Dabei übersehen wir, daß unsere Annahmen rein gar nichts mit den Personen zu tun haben, die von ihnen betroffen sind. Doch das Risiko, uns bei ihnen zu vergewissern, nehmen wir aus Angst vor den Folgen nicht auf uns. Wenn schon die Realität unserem abwegigen Denken zuwiderläuft, dann biegen wir sie eben zurecht. Dies ist eine weitere Form der Unehrlichkeit, die überall gegenwärtig ist.

Wenn wir die Realität nicht wahrhaben wollen, müssen wir notwendig eigene Erfahrungen verleugnen, Signale unseres Körpers und Botschaften aus unserem Inneren ignorieren. Infolgedessen wird unser Verhalten immer unberechenbarer, wir jedoch *denken*, es sei logisch und rational. Um noch einmal auf meine Zimmerkollegin zurückzukommen: Sie setzte voraus, ich wolle meinen Apfel nicht, also könne sie ihn aufessen. Ihre Vermutungen entbehrten jeglicher Basis in der Realität, und sie hatte diese ohne Rücksprache mit mir aufgestellt. Folglich handelte sie unter falschen Voraussetzungen. Natürlich hat eine solche, auf der persönlichen Ebene stattfindende Interaktion keine schwerwiegenden Folgen – sie kann allenfalls ein Beispiel abgeben. Aber übertragen Sie die Auswirkungen derartiger Verhaltensweisen auf die nationale oder internationale Ebene!

Wenn wir beispielsweise in der Sowjetunion eine ständige Bedrohung sehen, scheint es eine logische und rationale Vermutung zu sein, daß wir uns schützen müssen, indem wir uns auf den Erstschlag vorbereiten. Dieses Denken ist nicht nur verdreht, es ist auch paranoid. Und tatsächlich gehen gestörte Denkprozesse auch sehr häufig in paranoide Denkprozesse über.

Wie viele meiner Kollegen haben mich in den vergangenen Jahren die Theorien über die Funktionen der linken und rechten Hirnhemisphären und einige ihrer Auswirkungen auf meine Arbeit beschäftigt. In den frühen Forschungsstadien ging man davon aus, die linke Gehirnhälfte sei für das logische, rationale und lineare, die rechte für das emotionale, intuitive Denken zuständig. Natürlich erwies sich diese strenge Trennung als grobe Vereinfachung.

Aus meiner Forschungsarbeit schließe ich, daß auch die linke Gehirnhälfte Emotionen auslöst. Eine grundlegende Gemütsregung dieses logischen und rationalen Denkmodus konnte ich in meiner Praxis beobachten: Panik. Jedesmal, wenn unser logischer Verstand vom Verlust der Kontrollillusion bedroht ist, reagiert er panisch. Es ist eine primitive, undifferenzierte Art der Panik, die in ihrer Ausprägung nicht annähernd so verfeinert und entwickelt ist wie die Emotionen, die das Gehirn produziert, wenn es als Ganzes funktioniert.

Die meisten Forschungsergebnisse legen nahe, daß die beiden Hemisphären und der Hirnstamm in ihrem Zusammenwirken höchstentwickelte Denkprozesse hervorbringen. In dieser Verbindung entstehen besonders klare und kraftvolle Denkweisen, die einem rein linearen, rationalen Denken weit überlegen sind. In ›Weibliche Wirklichkeit‹ bezeichnete ich diese Denkweise als »vielfältig und vielschichtig«. Sie vermittelt uns einen Sinn für Ausgewogenheit und versetzt uns in die Lage, Verwirrung und Unehrlichkeit als solche zu erkennen. Wir alle besitzen diese Fähigkeiten, wir brauchen sie nur zu nutzen!

Das Leben in einem Suchtsytem allerdings erschwert diese Art des vielfältigen Denkens beträchtlich. Daran vermag auch die Einnahme von chemischen Präparaten, zum Beispiel Psychopharmaka, nichts zu ändern – dies möchte ich an dieser Stelle betonen. Ein Suchtsystem wird immer wirre, lineare Denkprozesse auslösen. Wenn wir jene klare, vielfältige Denkart erlangen wollen, müssen wir einen Systemwechsel vollziehen.

Verwirrung

Verwirrung ist nicht nur ein Merkmal des Suchtprozesses, innerhalb des Suchtsystems stellt sie zugleich eine Norm dar. Wir müssen viel Zeit und Energie darauf verwenden, um endlich herauszufinden, was vor sich geht. Wenn wir voller Verwirrung stecken, neigen wir zu der Auffassung, auch die Welt müsse voll davon sein.

Zu der Zeit, als meine Familie noch durch die Sucht bestimmt war, versuchten wir permanent, die Vorgänge um uns herum zu verstehen. Ich war häufig zu Vorträgen und Workshops unterwegs, doch jedesmal, wenn ich nach Hause kam, stand die Familie Schlange, um ihre Beschwerden und gegenseitigen Vorwürfe an mich zu richten.

Dann wandte ich meine beste Familientherapie an: Ich trommelte alle zusammen, setzte sie um den Tisch und versuchte, die Angelegenheit zu klären. (Damals glaubte ich aufrichtig, daß dies möglich wäre.) Normalerweise hatte ich die Moderatorenrolle und fragte etwa: »Also, was hast du zu ihr gesagt?« – »Was hast du ihm geantwortet?« – »Hast du das wirklich gesagt?« Und: »Kommt, jetzt packen wir alles auf den Tisch.« Wir glaubten, wir bräuchten nur besser und offener miteinander zu reden.

Daß wir damit die Situation verschlimmerten, auf diesen Gedanken kamen wir damals nicht. Sobald wir nämlich das Terrain der Verwirrung betreten hatten, in der Absicht, es aufzuklären, gerieten wir selber in zunehmendem Maße durcheinander.

Wenn wir uns inmitten von Chaos und Unordnung bewegen, dann vergessen wir, wie ein Leben ohne diese Zustände aussieht. Dies trifft für alle Menschen zu, die in einer Suchtfamilie herangewachsen sind (und das ist immerhin ein Großteil unserer Gesellschaft). Sie haben ausschließlich in Verwirrung gelebt, folglich nehmen sie an, die ganze Welt müsse so sein.

In ›Weibliche Wirklichkeit‹ beschrieb ich, mit welcher Hingabe die Frauen im Reaktiven Weiblichen System versuchen, ihrer Umgebung Verständnis entgegenzubringen – ihren Ehemännern, ihren Familien, sich selber. Diese Versuche, alles verstehen zu wollen, sind Kontrollversuche. Da Kontrolle jedoch stets eine Illusion bleibt, zieht uns dieses Bemühen um Verständnis oft noch tiefer in das Suchtsystem hinein.

Die Rolle der Verwirrung

Verwirrung ist nicht nur ein Merkmal des Suchtsystems, sie spielt innerhalb dieses Systems auch eine entscheidende Rolle. Zunächst hält sie uns ohnmächtig und kontrollierbar. Niemand ist leichter zu beobachten als eine wirre Person; keine Gesellschaft ist leichter zu überwachen als eine chaotische. Die Politiker haben dies am besten erkannt, und aus diesem Grund verwenden sie statt klarer und genauer Aussage Anspielungen, Verschleierungen und ausgesprochene Lügen.

Zum zweiten bewahrt uns Verwirrung unsere Unwissenheit. Beispielsweise reden Therapeuten mit ihren Klienten in einer Sprache, die verwirrend und einschüchternd wirkt. Indem sie ihren Status als »Besserwisser« schützen, hindern sie uns, Lernprozesse in bezug auf unsere Körper, unsere Rechte und unser Seelenleben zu vollziehen.

Drittens hält uns Verwirrung davon ab, Verantwortung für unser Leben zu übernehmen. Niemand wird von einem wirren Menschen erwarten, daß er sich zu dem bekennt, was er denkt, sagt oder tut, oder daß er gar der Wahrheit über sich selber ins Gesicht sieht.

Und letztendlich hält uns Verwirrung immer auf Trab. Wenn wir alle Zeit und Energie auf den Versuch verwenden, die Vorgänge und das Geschehen um uns herum zu verstehen, bleiben uns keine Reserven mehr, um über das System nachzudenken, es in Frage zu stellen oder Alternativen zu erkunden.

Im Zusammenhang bewirken diese vier Eigenschaften, daß wir in dem System festsitzen. Und dies ist meines Erachtens das Hauptziel der Verwirrung. Ein wirrer Mensch wird das System nicht verlassen, denn allein schon der Gedanke an das Weggehen ist zu beängstigend. Um sich neuen Herausforderungen zu stellen und unbekannte Wege zu gehen, benötigen wir eine gewisse Klarheit. Verwirrung bewirkt das Gegenteil: Sie vereitelt Klarheit und Verantwortungsbewußtsein.

Eine der hilfreichsten Möglichkeiten, wirre Denkstrukturen aufzubrechen, ist: *innehalten und warten*. Ich erkläre meinen Klienten oft, daß wir wichtige Entscheidungen nicht treffen, sondern entdecken. Das ewige Ringen um »Verstehen-wollen« ist sinnlos. Logisches, rationales, der linken Hemisphäre entspringendes Denken sowie unsere Versuche, Dinge ständig in Ordnung bringen zu wollen, dies alles funktioniert nicht, sondern nährt unsere Illusion von Kontrolle.

Innehalten und warten – was das bedeutet, wissen Menschen zu schätzen, die meditieren. Indem sie still dasitzen und die Denkprozesse der linken Hirnhemisphäre ausschalten, öffnen sie dem Verstand die Tür.

Verleugnung

Verleugnung ist der stärkste Abwehrmechanismus des Süchtigen. »Ich bin *kein* Alkoholiker«, erklärt der Alkoholiker. »Ich trinke *nicht* zuviel. Ich habe *keine* ernsten Probleme mit dem Trinken. Mag sein, daß meine Trinkerei ein kleines Problem ist, bestimmt aber *kein* ernsthaftes.« Die Familienmitglieder – selber Co-Abhängige und »Förderer« der Sucht – spielen dieses Verleugnungsspiel mit, indem sie in der Öffentlichkeit ein freundliches Gesicht aufsetzen. Sie halten die Fassade von Stabilität und Achtbarkeit aufrecht, und auf diese Haltung ist das Suchtsystem angewiesen.

Verleugnung dient uns dazu, den Umgang mit der eigenen Realität und der, die wir vor Augen haben, zu vermeiden. In meinen Ausbildungskursen und Workshops verwende ich folgenden Satz: »Sehen Sie, was Sie sehen, und wissen Sie, was Sie wissen.« Diese Aufforderung läuft dem Suchtsystem zuwider. Nähmen wir wirklich ernst, was wir sehen und wissen, dann wäre es unmittelbar bedroht.

Als ich mich der Frauenbewegung anschloß, fielen mir am Anfang Dinge auf, die zuvor nie meine Aufmerksamkeit geweckt hatten. Bis zu diesem Zeitpunkt war zum Beispiel eine meiner Lieblingsbeschäftigungen am Sonntagabend, mir mit meinen Kindern zusammen die Walt-Disney-Sendung anzusehen. Wir hatten alle schon einmal Disneyland besucht, und der ganze Disney-Rummel war ein wichtiger Bestandteil unseres Lebens geworden.

Nun, mit meinem neuen Bewußtsein, sah ich allmählich, was die Disney-Sendungen eigentlich zeigten: klischeehafte Porträts von Frauen, immer gleiche Rollenverteilungen, chauvinistische Handlungsabläufe.

Ich konnte sie nicht mehr sehen. Irgendwie bedeutete das zwar einen großen Verlust für mich, ich wußte jedoch, daß ich es meinem Verstand schuldig war. Die Disney-Show weiterhin anzusehen wäre eine Form der Selbsttäuschung gewesen.

Wenn wir uns dem verschließen, was wir sehen und wissen, beteiligen wir uns an einem unehrlichen System und tragen zu seinem Fortbestehen bei. Viele Frauen fürchten trotzdem Alternativen. Sobald sie ihre Wahrnehmungen und ihr Wissen ernst nehmen, fürchten sie, die Beziehungen zu ihren Männern (und anderen Personen) könnten nicht länger bestehen bleiben. Dies mag bis zu einem gewissen Grad richtig sein. Doch glücklicherweise gibt es inzwischen auch einige Männer, die ebenfalls bereit sind, zu sehen, was sie sehen, und zu wissen, was sie wissen. Es sind Männer, die beschlossen haben, das Suchtsystem zu verlassen.

Wir können uns nicht wirklich wohl fühlen, wenn wir in einem System leben, das auf Verleugnung beruht. Es gibt keine echten Freiräume, um mit unserer Wirklichkeit umzugehen.

Perfektionismus

Es mag schwerfallen, sich den Süchtigen als gewissenhaften und engagierten Menschen vorzustellen, als einen Menschen mit großen Ambitionen und hohen Erwartungen an sich selbst – aber genauso sind die meisten von ihnen. Alkoholiker, Drogenabhängige, Eßsüchtige, sie alle sind Perfektionisten. Nichts, was sie tun, ist ihnen jemals gut genug, sie *selber* sind sich niemals gut genug; sie glauben, sie tun nicht so viel, wie sie eigentlich sollten, und sie *könnten* perfekt sein, wüßten sie bloß wie. Das ist ihre Überzeugung.

In den Kreisen, die sich mit der Behandlung von Suchtkrankheit befassen, gilt Perfektionismus als einer der größten Hemmschuhe bei der Genesung. (Die Anonymen Alkoholiker sprechen in ihrem Zwölf-Schritte-Programm diesbezüglich von einem Charakterfehler.) Es ist schwer, einem Süchtigen dabei zu helfen, sich seine Unzulänglichkeiten zu verzeihen, und ihn davon zu überzeugen, daß er trotzdem ein guter, annehmbarer Mensch ist. Hartnäckig hält er an dem Bild fest, er sei ein *schlechter* Mensch, der gut werden möchte und nicht ein kranker Mensch, der gesund werden möchte.

Perfekt zu sein ist eine schwere Last. Es verlangt, daß wir immer die richtigen Antworten kennen, jederzeit die korrekten Informationen zur Hand haben, stets alles richtig und niemals etwas falsch machen. Wenn wir versagen, müssen wir uns maßregeln und bestrafen. Im Gegenzug erwartet der Perfektionist dafür von seinen Mitmenschen, daß auch sie perfekt sind. Perfektionisten sind immer eifrig dabei, wenn es darum geht, die Mängel von anderen herauszustellen!

Im Suchtsystem gilt Perfektionismus als erstrebenswerte Eigenschaft. Wir brauchen uns nur einmal näher zu betrachten, wie eng der Perfektionismus mit dem Dualismus Männliches System – Reaktives Weibliches System verknüpft ist, dann werden wir einen weiteren Beweis dafür erhalten, daß es keinen Unterschied zwischen Suchtsystem und Männlichem System gibt.

Wie ich bereits erwähnte, ist eines der auffälligsten Bindeglieder zwischen diesen Systemen der Glaube an die »Ursünde« des Frauseins. Egal, was eine Frau auch tut, von dieser »Ursünde« kommt sie nicht los. Sie begeht nicht nur ständig Fehler, sie *ist* ein Fehler, und das vermag sie nicht auszugleichen.

Diese »Ursünde« geht einher mit dem Glauben an die Erbsünde. Einigen theologischen Definitionen zufolge werden wir mit dieser Last geboren. Das bedeutet, Menschsein an sich ist eine Sünde.

Wie muß sich eine Frau in diesem System dann eigentlich fühlen? Vom Augenblick ihrer Geburt an ist sie ein Doppelfehler, denn sie wurde als Frau *und* Mensch geboren, und an beidem kann sie nichts ändern. Will sie »richtig« sein, muß sie dem Gott ähnlich werden, der in diesem System gilt. Gelingt ihr dies, wird sie »akzeptabel«. Natürlich kämpfen auch Männer mit dieser Illusion, daß es möglich sei, wie Gott zu sein. Doch um diese Gottgleichheit zu erlangen, müssen beide – Männer und Frauen – ihre Menschlichkeit abwerten und aufgeben.

Aber wir sind Menschen, und deshalb können wir *nicht* Gott sein, egal, wie wir ihn definieren. Wir geben uns Mühe, und wir haben keinen Erfolg, und dabei geht unser volles *menschliches* Potential verloren. Und genau diese zwanghaften Verhaltensmuster charakterisieren den Perfektionisten.

Der Perfektionismus im Suchtsystem steht ebenfalls in Beziehung zum zweiten und dritten Mythos des Männlichen Systems. Der zweite Mythos behauptet, das Männliche System sei von Natur aus überlegen. Wenn wir Überlegenheit anstreben, müssen wir einen Großteil unserer Persönlichkeit und Menschlichkeit verleugnen. Und indem wir dies tun, unterstützen wir die Illusion von der Unfehlbarkeit.

Das Männliche System sei allwissend, läßt uns der dritte Mythos glauben. Viele Menschen in unserer Kultur jagen dieser Allwissenheit ihr Leben lang hinterher, Erfolg haben sie dabei nie. Frauen nehmen die gleiche Last auf sich, da sie sich in zunehmendem Maße die Spielregeln dieses Systems zu eigen machen. Sie laufen blindlings Dingen hinterher, zu denen sie keinen Bezug haben, über die sie nichts wissen, ja, für die sie nicht einmal Interesse aufbringen! Sie wollen wie Männer sein. In der Zwischenzeit geht ihnen die Wertschätzung für ihr eigenes Wissen und ihre Erfahrung verloren, und sie verleugnen sie. Und genau dies tun auch Süchtige: Sie konzentrieren sich nicht (Perfektionisten, die sie nun einmal sind!) auf ihre guten Seiten, Vorzüge oder Kenntnisse. Sie fixieren sich vielmehr auf das, was sie *nicht* wissen, *nicht* können und *nicht* verstehen.

Wenn Perfektionismus angesagt ist, sind Fehler unverzeihlich. Dann aber können wir auch nicht aus unseren Fehlern lernen, da wir ja stets so tun müssen, als unterliefen uns keine. Infolgedessen verstecken oder vertuschen wir sie.

Eines Abends kam eine meiner Klientinnen in die Gruppe und erzählte eine interessante Geschichte. Sie hatte an einem Workshop bei einem der hiesigen Psychiater teilgenommen und war von seiner Offenheit beeindruckt gewesen. Er hatte ausdrücklich betont, daß es gerade für Männer, insbesondere für männliche Psychiater, wichtig wäre, *nicht* ständig den Allwissenden hervorzukehren. Meine Klientin sah darin einen großen Schritt nach vorn, wie ich übrigens auch.

Allerdings zeigte seine Begründung, daß er sich zwar auf dem Weg zur Wahrheit befand, aber noch nicht ans Ziel gelangt war. »Wir müssen uns eingestehen«, sagte er, »daß wir nicht *perfekt* sind und daß wir Fehler machen. Es ist in Ordnung, wenn wir dies zugeben.« Dabei übersah er, daß »Fehler machen« an sich schon eine Art »Perfekt«sein darstellt – indem wir, so, wie wir sind, aus ihnen lernen können. Bei ihm galten Fehler noch immer als unakzeptabel.

Das Definieren aller Dinge ist eine weitere Möglichkeit, mit deren Hilfe im Suchtsystem versucht wird, den von ihm als erstrebenswert erachteten Perfektionismus zu erlangen. Was durch dieses System nicht festgelegt ist, kann (per definitionem) nicht existieren; wenn etwas jedoch nicht existiert, brauchen wir uns damit auch nicht zu befassen. Folglich können wir unser Leben so einrichten, daß unser perfektes, allwissendes Selbstbild keinen Schaden erleidet. Auf diese Weise versperren wir uns den Zugang zu wichtigen Wissensgebieten, sie bleiben unerreichbar und unerforscht.

Vergeßlichkeit ist ein Suchtmerkmal, das sich besonders mühelos erkennen läßt. Sie beeinflußt einen großen Bereich der Aktivitäten und Verhaltensmuster eines Süchtigen.

Sie verlieren Ihre Schlüssel, sperren sich selber aus Ihrem Auto oder Haus aus; Sie vergessen, die Kinder zu einer verabredeten Zeit abzuholen, erinnern sich nicht an Termine, erscheinen nicht zu einem verabredeten Mittagessen, Dinge »entfallen« Ihnen – all dies sind, wenn auch alltägliche, Beispiele für Vergeßlichkeit.

Vergeßlichkeit kann jedoch weitaus schwerwiegendere Ausmaße annehmen: Sie führen etwa ein Gespräch mit jemandem, und nach zwei Minuten erinnern Sie sich nicht mehr daran, daß Sie eine Verpflichtung übernommen haben, einer Angelegenheit nachgehen wollten oder eine Besorgung für einen Freund oder ein Familienmitglied übernehmen wollten. Der Extremfall von Vergeßlichkeit ist der Blackout. Menschen, die einen Blackout haben, ist die Erinnerung an das, was sie gerade getan, gesagt oder erlebt haben, völlig abhanden gekommen.

Die meisten von uns haben schon irgendwann einmal Mini-Blackouts gehabt – wenn wir etwa mit unserem Auto die Straße entlangfuhren und uns hinterher nicht mehr erinnern konnten, eine ganz bestimmte Strecke dieser Straße gefahren zu sein. In solchen Fällen sind wir nicht bei uns. Bei einem Süchtigen können diese Zustände ein derartiges Ausmaß annehmen, daß ihm ganze Tage (manchmal sogar Wochen) für immer verlorengehen.

Es ist möglich, daß jemand während eines Blackouts normal funktioniert; nur gelingt es ihm nicht, sich ins Gedächtnis zurückzurufen, was in dieser Zeit geschah. Ein Blackout ist nicht mit einem Ohnmachtsanfall vergleichbar. Mir sind eine ganze Reihe von Geschichten über Alkoholiker bekannt, die sich Flugtickets kauften, ans andere Ende des Kontinents (gelegentlich sogar nach Europa) flogen, ihren Geschäften nachgingen, und als sie zu sich kamen, keinen Schimmer hatten, wie sie dorthingelangt waren oder was sie dort getan hatten.

Wir müssen uns darüber im klaren sein, daß hinter der Vergeßlichkeit von Süchtigen keine böse Absicht steckt; auch sind sie keine vorsätzlichen Lügner. Wenn sie ein Versprechen nicht einhalten, geschieht dies nicht freiwillig. Sie erinnern sich buchstäblich nicht daran, das Versprechen überhaupt gegeben zu haben.

Der Berater, bei dem ich mit meiner Familie in Therapie war, sagte einmal etwas, das mich tief beeindruckte. »Da Süchtige kein Gedächtnis haben«, erklärte er, »können sie nicht aus ihren Erfahrungen lernen, denn eigentlich besitzen sie ja keine Vergangenheit.« Ein entsetzlicher

Gedanke! Hierin liegt auch der Grund, warum Süchtige ihr Verhalten immer und immer wiederholen. Die Erinnerung an frühere Auftritte ist ihnen unzugänglich – damit ist ihnen gleichermaßen die Möglichkeit versperrt, aus diesen zu lernen.

Wir alle kennen die Redensart, die sinngemäß besagt: Wenn wir unsere Geschichte nicht kennen, sind wir dazu verurteilt, die Fehler früherer Generationen zu wiederholen. Dies scheint auf die Menschen zuzutreffen, die im Suchtsystem leben. Es ist ein vergeßliches, lernunfähiges System mit einem selektiven und verzerrten Gedächtnis.

Die Geschichten der Frauen, der Schwarzen, der indianischen Ureinwohner, der spanischsprechenden und asiatischen Amerikaner – es hat sie alle unterdrückt. Da die Geschichten dieser Gruppen nicht Teil unseres kulturellen Gedächtnisses sind, müssen wir Fehler wiederholen, aus denen wir Wertvolles hätten lernen müssen.

Doch im Suchtsystem ist niemand darauf aus, die Vergangenheit im Gedächtnis zu bewahren. Um zu verstehen, worin der Grund hierfür liegt, brauchen wir uns bloß einige der Mythen in Erinnerung zu rufen, die im Männlichen System Gültigkeit haben. Wenn *es nur dieses System gibt,* alles durch es definiert wird und es die einzige Realität darstellt, ist kein Grund vorhanden, sich an irgend etwas zu erinnern, das außerhalb der Gegenwart liegt. Wenn *es allwissend ist,* benötigt es kein Erinnerungsvermögen. Und wenn es schließlich *möglich ist, wie Gott zu sein,* wird jedes Erinnern belanglos, da wir ja allmächtig sind.

Vergeßlichkeit ist auch für die Wirtschaft von Nutzen. Aufgrund der Notwendigkeit, die unter den Menchen getroffenen Vereinbarungen schriftlich zu fixieren, damit diese nicht in Vergessenheit geraten, ist ein gewaltiges Rechtswesen entstanden. Gäbe es derartige Dokumentationen und Niederschriften nicht, um die Menschen unter Kontrolle zu halten, sie würden ihre Abmachungen nicht einhalten. Oder sie würden lügen, da Unehrlichkeit die Norm innerhalb des Systems ist.

Wenn wir verwirrt sind oder nicht im Einklang mit uns selber, wenn wir nicht nüchtern und klar sind und uns nicht auf unseren inneren Prozeß einstellen (darauf komme ich in einem der folgenden Kapitel zurück), neigen wir zu Vergeßlichkeit. Dann haben wir zu einem Großteil unseres Gehirns keinen Zugang mehr. Wenn wir uns als Süchtige innerhalb des Suchtsystems bewegen, verfügen wir nicht über die Lernfähigkeit, die Information, das Wissen oder das Bewußtsein, die für wohldurchdachte Entscheidungen notwendig sind. Dies gilt für den trockenen Trinker wie auch für den aktiven Alkoholiker oder Drogensüchtigen. Und dies trifft gleichermaßen auf die Person zu, die süchtig nach einer Beziehung ist.

Mit anderen Worten: *Jedes* Suchtmuster oder *jeder* Suchtprozeß vermag unser Denken einzunebeln und unser Gedächtnis zu blockieren. Sie bewirken, daß wir den Kontakt zu dem verlieren, was wir wissen und gelernt haben.

Abhängigkeit

Abhängig sein ist ein Zustand, in dem Sie voraussetzen, irgendeine Person oder Begebenheit in Ihrer Umgebung würde für Ihr Leben sorgen, weil Sie selber dazu nicht in der Lage sind. Abhängige Menschen bauen auf andere. Von ihnen erhoffen sie sich die Befriedigung ihrer emotionalen, psychischen, intellektuellen und spirituellen Bedürfnisse.

Eine meiner Schülerinnen bezeichnet abhängige Personen als »menschliche Staubsauger«. Wie die meisten Frauen ist sie in dieser Hinsicht besonders empfindlich, da ihr beigebracht wurde, die Helferin zu spielen. Doch selbstverständlich hat auch diese Medaille zwei Seiten: Die Person, die für den Abhängigen sorgt, ist ihrerseits von diesem abhängig. Solche Beziehungen sind äußerst kompliziert und heikel.

Im Suchtsystem sind Beziehungen in Abhängigkeit die Norm.[3] Aus diesem Grund sind Süchtige fast ausnahmslos abhängig oder gegenabhängig. Unter Psychologen gilt Gegenabhängigkeit (counter dependency) als Reaktion auf extreme Abhängigkeit. Um ihre Abhängigkeitsgefühle abzuschwächen oder auszugleichen, versuchen gegenabhängige Menschen, ihre Umgebung (und sich selbst) davon zu überzeugen, daß sie auf nichts und niemanden angewiesen sind, und ihre Haltung drückt aus: »Ich brauche keinen Menschen.«

Jeder Süchtige, der gesund werden möchte, muß erkennen, wie notwendig für ihn Selbstvertrauen und Selbstverantwortlichkeit sind. Diese Erkenntnis und die Einsicht, Nähe zu anderen könne auch ohne Abhängigkeit existieren, das bedeutet Genesung.

Allerdings läuft diese Erkenntnis all dem zuwider, was man uns beigebracht hat. Von Kindheit an hören wir, Abhängigkeit sei der Weg zu Nähe und Intimität, und eine vertraute Beziehung zwischen zwei Menschen sei erst gegeben, wenn sie gegenseitig aufeinander angewiesen seien. Ein Großteil unserer Umwerbungsrituale ist der Versuch, genau diese gegenseitige Abhängigkeit zu schaffen. Haben zwei Menschen das Stadium erlangt, in dem keiner ohne den anderen auskommt, gelten sie als vertraut. Das nennen wir dann die perfekte Ehe.

Nach meinen Beobachtungen allerdings *zerstört* Abhängigkeit jegli-

che Nähe. Die Person, von der jemand abhängig ist, fühlt sich ausge-
saugt, während bei der abhängigen Person ihrerseits der Groll auf diese
Person wächst. Die Beziehung, die am Anfang beiden ein Gefühl von
Kraft, Sicherheit und Nützlichkeit gab, hinterläßt schließlich zwei ver-
brauchte und erschöpfte Wracks. Vielleicht entsteht mit der Zeit sogar
Haß. Anders formuliert: Der Mechanismus läuft nicht in der Weise ab,
wie man es uns erzählt hat.

Andererseits mag dies exakt die Beziehung sein, wie sie im Suchtsystem unbewußt geschätzt wird. Meiner Ansicht nach kann das Suchtsystem Nähe nicht tolerieren. Wahre Nähe erfordert, daß wir bewußt am
Leben teilnehmen, uns im Einklang mit uns selber befinden – solche
Nähe aber stellt eine unmittelbare Bedrohung für dieses System dar. Infolgedessen werden Beziehungen bevorzugt, in denen beide Partner
nicht die nötige Sicherheit verspüren, um unabhängig zu handeln,
Beziehungen, aus denen keiner sich löst, auch wenn sie längst geschei-
tert sind.

Die Geisel-Entführer-Beziehung

Von einer meiner Klientinnen stammt eine interessante Aussage. Sie
hatte sie bei einem Treffen der Anonymen Alkoholiker gehört: »Alkoholiker haben keine Partner, sie haben Geiseln.« Je länger ich darüber
nachdachte, desto logischer erschien sie mir. Geiseln sind nicht gerade
gern bei ihren Entführern. Sie fürchten um ihr Leben. Vielleicht identifizieren sie sich mit ihren Entführern und nehmen einige ihrer Verhaltensmuster an (genauso, wie der Co-Abhängige die Verhaltensmuster
des Alkoholikers annimmt), aber auch das ist nur ein Überlebenstrick,
der nichts mit Nähe und Fürsorglichkeit zu tun hat.

Die meisten Beziehungen innerhalb des Suchtsystems sind meines
Erachtens solche Geisel-Entführer-Beziehungen. Vielleicht werden
die Rollen gelegentlich getauscht, und jeder von beiden spielt einmal
Geisel und dann wieder Entführer. Die Dynamik jedoch bleibt immer
dieselbe.

Werfen wir einmal einen genauen Blick auf die Beziehungen in unseren Familien, unsere Geschäftsverbindungen und unsere Lehrer-Schü-
ler-Verhältnisse, dann fällt auf, wie viele dieser Beziehungen nach dem
Geisel-Entführer-Prinzip funktionieren.

In keinem der Fälle übernimmt die »Geisel« ihre Rolle freiwillig.
Gleichwohl finden Geiseln in ihren Beziehungen niemals das, wonach
sie suchen, und aus diesem Grund müssen sie sich draußen umsehen.
Doch solange sie nicht ihr Leben verändern, sind unglücklicherweise jeder neuen Beziehung, in die sie sich begeben, von vornherein enge

Grenzen gesetzt. Ihre persönlichen und menschlichen Bedürfnisse werden auf diese Weise nicht gestillt. Eine Geisel-Entführer-Beziehung bietet ein trostloses Bild, aber es paßt in das Suchtsystem, indem es mit dessen lebensfeindlicher Orientierung in Einklang steht. Genau diese Sorte von Beziehungen wird durch das System begünstigt.

Das Mangelmodell und das Nullsummen-Modell

Das Suchtsystem arbeitet auf der Grundlage eines Mangelmodells. Dieses Modell beruht auf der Annahme, das vorhandene reiche nicht aus, und wir sollten uns deshalb schleunigst bemühen, soviel wie möglich abzubekommen, solange wir dazu imstande wären.

Vielleicht erinnern Sie sich an das Kapitel über Selbstbezogenheit, in dem ich das Verhalten einer Mutter ihrem kleinen Sohn gegenüber beschrieb. Mich würde es nicht überraschen, wenn dieser Junge in dem Glauben aufwüchse, er müsse alles Greifbare an sich reißen, solange er nur könne. Ihm hatte sich die Welt ja bereits als ein Ort gezeigt, an dem es für ihn an bestimmten Dingen mangelte – selbst an Dingen, die eigentlich ihm gehörten (wie sein Walkman und sein Saft). Wenn er etwas haben wollte, mußte er zugreifen und horten.

Das Mangelmodell durchdringt fast alle Bereiche unseres Lebens. Geld, materielle Güter, Liebe und Prestige – wir nehmen alles. Aus Angst, es sei nicht genug da, häufen wir viel mehr an, als wir benötigen oder jemals gebrauchen können. (Mehr ist besser!)

Auf der individuellen Ebene mag diese Haltung noch ziemlich harmlose Auswirkungen haben; ich erinnere mich beispielsweise an eine Zeit vor einigen Jahren, als die Leute Pfennige stapelten, aus Angst, es gäbe bald keine mehr. Auf einer systemübergreifenden Ebene jedoch kann diese Haltung tödlich enden. So verfügen wir etwa gegenwärtig über ein derart riesiges atomares Waffenpotential, daß wir nicht einmal in der Lage wären, es ganz auszuschöpfen (gesetzt den schrecklichen Fall, wir bräuchten es überhaupt), und trotzdem fährt die waffenherstellende Industrie mit ihrer täglichen Produktion fort.

Das Mangelmodell behauptet, es sei nicht genug vorhanden; dagegen setzt das Nullsummen-Modell die Vorstellung, wenn irgend jemand irgendeine Sache bekäme, dann stünde sie mir nicht mehr zur Verfügung, wenn ich sie bräuchte. Zwar ist alles vorhanden, aber die Mengen sind beschränkt und endlich.

Anhand von zwei Beispielen möchte ich Ihnen die Konzepte des Mangelmodells und des Nullsummen-Modells näher erläutern: Seit Jahren treffe ich mich in regelmäßigen Abständen mit einigen Freundinnen. Wir alle sind lebhafte, kreative, intelligente und fähige Frauen. Mit der Zeit allerdings ist mir eines aufgefallen: Wenn jemand aus der Gruppe etwas geschafft hat, ist bei den übrigen die Freude darüber nicht besonders groß. Warum eigentlich nicht? Weil die gesamte Gruppe sich dem Nullsummen-Modell entsprechend verhält: Wenn also eine der Frauen etwas erreicht hat und hierdurch Anerkennung findet, vermutet der Rest, dies schmälere auf die eine oder andere Weise die noch verfügbare Anerkennung für die anderen Mitglieder der Gruppe.

Diese bedauerliche Einstellung hat Konkurrenzgefühle nach sich gezogen, Vergleiche, Groll und die Unfähigkeit, individuelle Erfolge anderer zu feiern. Dies hat die Gruppe geschwächt und mich traurig gestimmt, da ich weiß, daß durch so etwas unsere Fähigkeit eingeschränkt ist, gegenseitige Nähe herzustellen.

Ein weiteres Beispiel: Wie ich bereits erwähnte, unternehme ich leidenschaftlich gerne Strandspaziergänge. Ich genieße es, am Strand entlangzuschlendern, mich hinzusetzen und Muscheln, Kieselsteine oder anderes Kleinzeug zu sammeln. Auf Hawaii gibt es einen Strand, den ich wegen seiner kleinen Muscheln ganz besonders mag. Um die winzigen Schalen aufzufinden, muß man sich hinsetzen und einfach still sein; dann plötzlich tauchen die Muscheln rundherum auf, eingebettet im Sand oder auf ihm ruhend. Jagt man ihnen nach, entziehen sie sich dem Blick.

Auf einer meiner Kurzreisen an diesen Strand brachte ich eine Freundin aus Nebraska mit, die an weite, offene Räume gewöhnt ist. Wir saßen gemeinsam da, hoben Muscheln auf und bewunderten sie. Während sie die etwas größeren und eindrucksvolleren bevorzugte, mochte ich besonders die winzigen Exemplare. Wir waren schon eine Zeitlang in diese Beschäftigung vertieft, als eine Gruppe japanischer Touristen eintraf und sich dem Strand näherte. Plötzlich wurde meine Freundin hektisch. Sie sprang auf und rannte den Strand entlang, die Touristengruppe im Rücken. Bei ihrer Rückkehr fragte ich sie, was sie da getan hätte. »Ich wollte ihnen unbedingt beim Muschelsuchen zuvorkommen«, gestand sie. »Ich hatte Angst, sie würden Muscheln finden, die ich normalerweise finden würde, wenn ich zuerst da wäre.« Darüber mußten wir beide lachen, denn der Strand lag voller Muscheln.

Am Abend, als die Sonne unterging und die Muscheln im Sand nurmehr mit Mühe zu entdecken waren, begann ich, meine Sachen zusammenzupacken, um zu unserem Strandhäuschen zurückzukehren. Meine Freundin war noch immer in die Muschelsuche vertieft. Ich unterbrach sie und bedeutete ihr, daß es Zeit zum Gehen sei. »Nein, nur noch ein paar, wirklich«, antwortete sie. »Ich weiß, daß hier noch einige schöne Exemplare liegen, ich muß sie nur finden.« (Es war bereits so dunkel, daß sie fast ihre Nase in den Sand stecken mußte, um sie überhaupt zu sehen.)

Später am Abend redeten wir noch einmal über den Nachmittag am Strand. Wie sich herausstellte, gab es eine recht einfache Erklärung für ihr Verhalten. Sie stammt aus einer sehr ausgedehnten, flachen Gegend des Landes. In ihrer Vorstellung ist das Große schön und bedeutsam. Zunächst hatte es sie einige Mühe gekostet, den winzigen Muscheln einen Wert beizumessen, und als sie es schließlich konnte, schnappte die Mangelfalle zu. Wenn sie nicht so viele wie möglich mitnehmen würde, sagte ihre innere Stimme, dann bekäme sie nicht, was sie bräuchte. (Übrigens hatten wir am Ende reichlich Muscheln; noch heute, vier Jahre später, verschenke ich sie gelegentlich.)

Für mich war dieser Vorfall ein interessantes Beispiel dafür, wie schnell und gründlich uns diese Mangel- und Nullsummen-Modelle einholen und ergreifen. Wir alle sollten unser Verhalten daraufhin überprüfen.

Erinnern wir uns an den anderen Strandspaziergang – jenen, bei dem meine Freundin mich im Zickzackkurs den Strand entlang verfolgte, während ich Rückenschmerzen bekam: Auch hier waren diese beiden Modelle in Aktion. Meine Freundin war der Meinung, wenn sie mich nicht hier und jetzt festnageln würde, dann böte sich ihr keine Gelegenheit mehr zum Gespräch mit mir. Sie spürte den Drang nach Kontrolle und Manipulation, um das von mir zu bekommen, was sie brauchte, bevor die Zeit »abgelaufen« war.

Was geschieht nun aber mit unseren Beziehungen, wenn unser Handeln durch diese Modelle angetrieben wird? Wir konzentrieren uns auf Quantität. Geschwisterrivalität etwa entspringt dem Glauben, unsere Eltern verfügten nicht über genug Zeit und Liebe, um sich um uns alle zu kümmern. Unsere sexuellen Beziehungen beginnen wir nach dem Kriterium der Häufigkeit zu beurteilen und vergessen dabei, daß Sexualität ohne Nähe und Intimität bedeutungslos ist. Die Gefühle für unsere Freunde und Familien werden von Eifersucht und Neid getrübt. Stets wollen wir mehr, als wir haben; wir wollen, was *die anderen* haben.

Wir können unschwer sehen, wie diese Modelle im Hinblick auf Süchte funktionieren. Sobald uns eine Substanz oder ein Prozeß nicht mehr den von uns benötigten »Kick« liefern kann (und dieser Punkt wird immer erreicht), verlangen wir nach mehr – mehr Alkohol, mehr Drogen, mehr Geld, mehr Spielen, mehr Arbeit, mehr Religion. Doch wieviel wir auch bekommen, es ist nie genug. Andauernd suchen wir außerhalb von uns selbst nach diesem magischen Etwas, das unser Verlangen stillt und uns »auftankt«.

Ebenso leicht können wir sehen, wie diese beiden Modelle innerhalb des Suchtsystems funktionieren. In meinem Buch ›Weibliche Wirklichkeit‹ stellte ich dar, wie unterschiedlich das Männliche System und das Aktive Weibliche System die Machtfrage betrachten und an sie herangehen. Das Machtkonzept des Männlichen Systems ist strikt nach dem Nullsummen-Prinzip ausgerichtet: Wenn Sie Macht besitzen, habe ich zwangsläufig weniger davon, aber es steht nur eine bestimmte Menge zur Verfügung. Im Aktiven Weiblichen System – dem Lebensprozesse-System – wird Macht als grenzenlos aufgefaßt. Teile ich meinen Anteil mit Ihnen, haben *beide* mehr: beide zusammen und jeder für sich. Im Lebensprozesse-System kommt die Macht von *innen*. Wir müssen uns nicht draußen umsehen, um unsere Bedürfnisse zu befriedigen. Wir entwickeln eigene Kräfte, ein eigenes Bewußtsein und befinden uns im Einklang mit unserem Selbst. Dann benötigen wir das Mangelmodell nicht mehr.

Nun übertragen wir diese Modelle auf das System, in dem wir leben. Im Suchtsystem herrscht die Meinung vor, wir bräuchten fortwährend mehr Bomben, ein größeres Bruttosozialprodukt, mehr Geld, mehr Einfluß. Doch sosehr wir uns als Nation und als Gesellschaft auch bemühen, es reicht niemals aus, es stellt uns nie zufrieden.

Negativismus

Negativismus und negatives Denken sind ebenfalls typische Merkmale eines Suchtsystems. Deshalb ist notwendiger Bestandteil jeder Genesung, ein Bewußtsein dafür zu entwickeln, wie häufig wir negativ wahrnehmen – uns selbst, die anderen und die Umwelt.

Negativismus steht in direkter Beziehung zum Mangelmodell und zum Perfektionismus. Es ist wirklich schwer, das Leben von der positiven Seite zu nehmen, wenn wir glauben, es gebe von allem nicht genug, und weder unsere Umgebung noch wir selbst könnten uns ausreichend versorgen. Genausowenig können wir mit uns zufrieden sein, wenn wir ständig um Perfektion bemüht sind und schließlich doch immer wieder an unseren eigenen Erwartungen scheitern.

Negatives Denken entzieht uns Energien, indem es uns von wichtigen Lebenskräften abtrennt und in einen unlebendigen Zustand versetzt. Anstatt die Vielzahl der Möglichkeiten in und um uns zu sehen, fixieren wir uns auf die uns gezogenen Grenzen und auf Dinge, die wir nicht tun können.

Das Suchtsystem fördert negatives Denken: Wer annimmt, er *könne sein wie Gott,* der ist zum Scheitern verurteilt. Wer glaubt, er könne *all-wissend* sein, muß ebenso notwendigerweise scheitern. Auf diese Weise gerät das Leben zu einem einzigen Versagen, man wird nie so richtig erfolgreich sein und fortwährend einen Schritt hinter dem als erstrebenswert betrachteten Ziel herhinken.

Sehen wir uns nur einmal an, wie im Suchtsystem der Prozeß einer Analyse vor sich geht. Sobald etwas gründlich untersucht wird, gilt es, Fehler zu finden und diese auseinanderzupflücken. Wir werden zu Kritik und rigidem Urteilen erzogen. Wer Hilfsbereitschaft und positives Denken zeigt, gilt als schwach. Das läßt sich besonders gut im akademischen Bereich beobachten. Kaum einem Akademiker gelingt es, seinen Forschungsgegenstand zu betrachten, ohne dabei den Zwang zu verspüren, sein Urteil darüber müsse in irgendeiner Weise negativ ausfallen. Frauen, die im akademischen Bereich nach Anerkennung suchen, merken dies sehr wohl und sagen: »Sogar wenn wir eine Sache mögen und sie gut finden, wissen wir doch, daß wir uns bei den männlichen Kollegen nur Gehör verschaffen können, wenn wir einen Fehler an ihr finden. Wir müssen uns einfach Mühe geben, damit wir etwas zum Kritisieren entdecken.«

Auch unsere Beziehungen bleiben vom Negativismus nicht verschont. Viele meiner Klientinnen behaupten, sie führten gute Ehen. Sobald ich dann frage, was sie darunter verstünden, antworten sie vielsagend: »Er schlägt mich nicht, er betrügt mich nicht, und er gibt mir genug Geld.« Unter einer »guten« Ehe verstehen sie nichts anderes als die Abwesenheit von allmöglichem Schrecklichen! Es ist nahezu unmöglich, innerhalb des Suchtsystems eine klare Vorstellung von dem Begriff »gut« zu gewinnen.

Erst kürzlich unterhielt sich eine neue Klientin über die »Fortschritte« mit mir, die sie durch ihre Therapie gemacht hatte. »Ich stehe nicht mehr ständig am Rande eines Nervenzusammenbruchs«, sagte sie. »Ich habe keine schlechten Träume mehr. Ich lasse mich nicht mehr auf Beziehungen ein, die mir nichts bringen.« An diesem Punkt unterbrach ich sie und forderte sie auf, darüber nachzudenken, was sie soeben gesagt hatte. Keiner ihrer sogenannten »Fortschritte« bedeutete eine Bereicherung ihres Lebens, vielmehr war das, was sie genannt hatte, lediglich Ausdruck eines Mangels.

Eine Freundin von mir signalisiert durch untrügliche Zeichen, wenn sie in ihr negatives Denken verfällt. Dann beginnt sie ihre Sätze mit »Oh, mein Gott!«, und ich weiß, gleich wird sie fortfahren mit »Was ist bloß, wenn dies passiert? Ich hoffe, es kommt nicht soweit. Meinst du, wir haben das gepackt? Hatten wir das wirklich vereinbart? Ob das überhaupt funktionieren kann? Können wir das schaffen?« Normalerweise beginnen wir dann beide zu lachen, und das genügt, um sie aus ihrer negativen Weltsicht herauszureißen.

Das Leben im Suchtsystem bewirkt, daß unser Bewußtsein für das Potential, den Reichtum, die Reize, die Lebendigkeit oder die Außergewöhnlichkeiten, von denen wir umgeben sind, an denen wir uns freuen könnten, nahezu gänzlich verkümmert. Das Außergewöhnliche, von dem ich spreche, ist nicht etwa kostspielig und teuer: ein Blick auf buntes Herbstlaub, die Enten beim Schwimmen beoachten, ein heißes, duftendes Bad nehmen, Zeit für sich allein beanspruchen; oder einfach *lebendig sein.* Dies alles ist extravagant, ist außergewöhnlich. Und genau das lernen wir im Lebensprozesse-System.

Verteidigung

Wer mit Süchtigen arbeitet, weiß, daß in die Verteidigung zu gehen ein Gefahrensignal bedeutet, daß es ein Anzeichen dafür ist, daß der Betreffende in seine Krankheit zurückfällt. Wer auf Feedback und Kritik nicht zu reagieren vermag und statt dessen beweisen muß, daß er im »Recht« ist, kann nicht wirklich lernen oder sich verändern.

Menschen, die sich ständig in Verteidigungsstellung befinden, sind unsicher. Sie haben kein Vertrauen in ihre eigene Fähigkeit, eine Information aufzunehmen, sie zu beurteilen und sie dann zu akzeptieren oder abzulehnen. Oft sind sie noch nicht einmal sicher, ob das, was sie verteidigen, richtig ist!

Es ist interessant – und schon fast erschreckend – zu sehen, wie sehr sich die Menschen in unserer Kultur ständig in Verteidigungshaltung befinden. Freud nahm an, Abwehrmechanismen seien normal und notwendig, um mit dem Leben und der Welt zurechtzukommen. Vielleicht trifft dies für das Suchtsystem zu; für das Lebensprozesse-System dagegen gilt dies meines Erachtens nicht. Entsprächen nämlich die gegenwärtigen Lebensumstände den Bedürfnissen der Menschheit, fühlten wir uns in unserer Persönlichkeit und unserem Status akzeptiert, dann bräuchten wir uns nicht zu verteidigen. In einem solchen System böten sämtliche Schwächen und Fehler Gelegenheiten, uns weiterzuentwickeln und zu lernen. Würden wir uns nicht fortwährend an äußeren Kriterien messen, dann wären wir in der Lage, uns so anzunehmen, wie wir sind.

Über die Rolle der Verleugnung als Abwehrmechanismus habe ich bereits in einem früheren Kapitel gesprochen. Wir müssen uns jedoch darüber klar sein, daß Verleugnung als solche im Suchtsystem gar nicht wahrgenommen wird. Vielmehr gilt sie als normaler Bestandteil unseres Daseins.

Solange wir uns weigern zu sehen, was wir sehen, und zu wissen, was wir wissen, so lange können wir das System hinnehmen und es sogar aktiv unterstützen. Bauen wir aber unsere Abwehrmechanismen ab und beginnen, den eigenen Wahrnehmungen zu trauen, dann werden wir zur Bedrohung.

Auch Projektion ist eine Form der Verleugnung. Bevor wir uns unseren eigenen Gefühlen aussetzen, ziehen wir es vor, diese auf andere zu projizieren. Ganz besonders offenkundig tritt dieses Muster bei paranoiden Menschen in Erscheinung. Sie geben sich nicht mit ihrer Wut und Feindseligkeit ab, sondern übertragen derartige Emotionen auf ihre Umgebung, oft sogar auf Fremde. Die sind die Bösen, die Feindseligen, die Angriffsbereiten – und dementsprechend reagieren Paranoide auf sie. Im äußersten Extremfall würden sie sogar jemanden umbringen, in dem Glauben, dem anderen damit zuvorzukommen.

Jedesmal, wenn wir Vermutungen über andere anstellen und uns danach verhalten, überspringen wir einen entscheidenden Punkt im Denkprozeß: die *Überprüfung* dieser Vermutungen. Paranoide Menschen sind dermaßen gründlich in das Suchtsystem verstrickt, daß sie vergessen haben, wie dieser Schritt zu vollziehen ist.

Als ich vor einigen Jahren in New York City lebte, fuhr ich sehr viel mit öffentlichen Verkehrsmitteln. Oft bot ich im Bus oder in der U-Bahn meinen Platz einer älteren Frau an. Normalerweise geschah dann folgendes: Die Frau nahm den Platz an und starrte mich – ihre Handtasche eng an sich gedrückt – für den Rest der Fahrt an. Eine Frau beobachtete mich gar einmal mehr als fünfzig Blocks lang, bevor sie endlich ausstieg. Als sie aufstand, sagte sie: »Danke, Schätzchen, das ist mir in New York noch nie passiert.« Paranoia war die Norm in dieser Stadt. Das erkannte ich, je länger ich dort lebte. Sich fortwährend in Verteidigungsbereitschaft zu befinden gehörte zur Überlebenstaktik. Jeder setzte einfach voraus, die anderen wollten ihm Böses, und danach richtete man sein Verhalten aus.

Was geschieht eigentlich, wenn wir ständig in Abwehr leben – so, wie es das Suchtsystem uns eingibt? Wir berauben uns des eigenen Lernpotentials. Wir schirmen uns vor Informationen ab, die uns neue Bewußtseinsebenen, ein neues Selbstverständnis erschließen könnten. Unsere persönliche Entwicklung stagniert. Und was geschieht, wenn das gesamte System in ständiger Abwehr lebt? Ein Blick auf die Regierung unseres Suchtsystems genügt, um die Anwort darauf zu bekommen. Als Nation sind wir von der Vorstellung besessen, wir müßten beweisen, daß wir im *Recht* sind. Das hat zur Folge, daß wir sehr ungern mit anderen verhandeln und zugleich unfähig sind, uns zu entwickeln. Aufgrund unseres eifrigen Bemühens, stets *allwissend* zu sein, müssen wir schließlich jede Form von Ungewißheit verstecken und die Tatsache verbergen, daß wir eben nicht auf alles eine Antwort haben. Wir drohen, wir tyrannisieren, und gleichzeitig fürchten wir um unser Leben.

Kommunikation und Gegen-Kommunikation

»Süchtige sind nicht fähig, mit anderen zu kommunizieren; sie verhören ihre Gesprächspartner.« Diese treffende Aussage stammt ebenfalls von den Anoymen Alkoholikern. Mit genau diesem Problem beschäftigte sich ein Ehepaar, das meine Beratung gesucht hatte. Er war trockener Alkoholiker. Sie zweifelte an ihrer Fähigkeit, mit Problemen richtig umgehen zu können, da – wie sie mir erzählte – »wir nicht miteinander reden können«. Zufällig war er auch noch Polizeibeamter, und er redete mit ihr wie mit einem Verdächtigen. Beispielsweise fragte er sie: »Was hast du gemacht? Was meinst du? Was denkst du darüber? Was ist hier los?« – und sie lieferte ihm die Anworten. Nach jedem dieser sogenannten Gesprächsversuche hatte sie das Gefühl, als habe sie ein Verhör unter grellem Scheinwerferlicht hinter sich.

Diese Art der Kommunikation schafft keine Verbindung. Im Gegenteil – sie führt zu Abwehr, Verschwiegenheit und Furchtsamkeit. Und das Endresultat ist eine *Gegen*-Kommunikation, ein verwirrender, verwickelter Austausch, in dem nichts Positives stattfinden kann.

Es gibt mehrere Gründe, warum diese Art der Kommunikation innerhalb des Suchtsystems die Norm darstellt. Erstens haben Süchtige kein Bedürfnis nach einer direkten, offenen und ehrlichen Kommunikation, denn das hieße, daß sie ihre Verletzlichkeit offenbaren müßten. Viel einfacher ist es – und deshalb vorzuziehen –, wenn sie ihre Umgebung über sich im unklaren lassen. Zweitens *können* Süchtige *keine* eindeutigen Gespräche führen, da ihr Verstand so unklar arbeitet. Oft wissen sie tatsächlich nicht, was sie denken und fühlen. Und drittens lehrt uns das Suchtsystem, es sei gut, unsere Mitmenschen zu verwirren und einzuschüchtern, denn dies bietet die Möglichkeit, stets die Oberhand zu behalten und die Kontrollillusion zu bewahren.

Kaum jemand sieht in der Kommunikation ein Mittel, um Informationslücken zwischen zwei voneinander getrennten Menschen zu überbrücken. Dies liegt mitunter an der Unfähigkeit von Süchtigen, andere als eigenständige Menschen wahrzunehmen. Durch das Fehlen ihrer Ich-Grenzen (pseudopodisches Ego) setzen sie alles in Bezug zu ihrer eigenen Person; aus allem und jedem werde ICH.

Verantwortlichkeit und Tadel

Süchtige vermeiden es typischerweise, die Verantwortung für sich und ihr Leben zu übernehmen. Aus meiner Arbeit mit vielen genesenden Süchtigen glaube ich den Grund für diesen Unwillen zu kennen: Sie setzen Verantwortung übernehmen mit getadelt werden gleich. Erklären sie sich nämlich als für ihre Vergangenheit verantwortlich, dann, so glauben sie, müssen sie darauf gefaßt sein, zur Rechenschaft gezogen zu werden. Dann müssen sie zugeben, daß alles, was ihnen jemals widerfahren ist, auf ihrem Verschulden beruhte.

Das Suchtsystem vertritt mit Nachdruck das Ursache-Wirkung-Prinzip, und dies Prinzip ist selbstverständlich nicht von der Kontrollillusion zu trennen. Die geltende Auffassung lautet: »Wenn mir etwas zugestoßen ist, dann nur, weil ich es verursacht habe. Ich kann und sollte jederzeit alles unter Kontrolle haben; so hätte es auch damals gewesen sein müssen. Folglich liegt die Schuld bei mir.«

Die Trennung von dieser Auffassung ist einer der wichtigsten Schritte, den ein Süchtiger im Laufe seiner Genesung vollzieht. Je mehr sich sein Gesundheitszustand bessert, desto klarer wird er den Unterschied zwischen Verantwortlichkeit und Tadel erkennen. Verantwortung für das eigene Leben zu übernehmen bedeutet, es im Besitz zu haben – und nicht unter Kontrolle. Nur wenn wir an unserem Leben, unseren Gefühlen und unseren Erfahrungen Anteil haben, sind wir fähig, aus ihnen zu lernen und uns auf den Genesungsprozeß einzulassen.

Mit einer meiner Freundinnen arbeitete ich an verschiedenen Projekten. Wir sahen uns selten, doch jedesmal, wenn wir uns trafen, bestand sie darauf, daß wir uns zuerst einmal hinsetzten und Probleme beredeten, die sie angeblich mit mir hatte. Zwar hatte *ich* keine speziellen Probleme mit *ihr,* aber dennoch ging ich auf ihr Klärungsbedürfnis ein.

Sie eröffnete diese Gespräche immer mit der Feststellung, daß ich für alle zwischen uns vorhandenen Probleme zu fünfzig Prozent die Verantwortung übernehmen müsse.

Da ich über eine gute Ausbildung in der klassischen Psychotherapie verfüge, glaubte ich ernsthaft, Probleme zwischen zwei Menschen seien nur zu lösen, indem beide die Verantwortung gerecht unter sich aufteilen. Also saß ich stundenlang mit meiner Freundin da, hörte mir ihre verschiedensten Vorwürfe an und versprach, über jedes einzelne Problem, das sie mit mir hatte, nachzudenken. Während dieser Gespräche war ich häufig verwirrt. Ich konnte nicht verstehen, warum wir über all dies sprachen oder aus welchem Grund ich die Hälfte der Verantwortung übernehmen sollte. Das tat ich ohnehin schon immer.

Nach solchen Unterhaltungen glaubte ich, wir hätten alle Unstimmigkeiten ausgeräumt. Ich ging unsere Diskussionen noch einmal allein durch und überlegte, ob noch Unklarheiten irgendeiner Art vorhanden sein könnten. Waren ihre Anschuldigungen etwa berechtigt? Entsprachen sie meinen Erfahrungen? Dann prüfte ich die Gefühle, die ein solches Gespräch bei mir verursacht hatte, übernahm meinen Teil der Verantwortung und betrachtete den Fall als erledigt. Unserem nächsten Treffen sah ich dann mit Spannung entgegen – mußte allerdings feststellen, daß meine Freundin wieder von vorne anfing!

Der Ablauf wiederholte sich so häufig, daß ich ihn die »fünfzig-Prozent-Lösung« nannte. Doch diese Bezeichnung war falsch, auch das wurde mir allmählich klar. Sie und ich, wir hatten uns die Verantwortung nie gleichmäßig geteilt. Während ich meinen Teil übernahm, ihn sichtete, ordnete, als erledigt betrachtete und mich sodann unserer Freundschaft in dem Glauben widmete, alles wäre ausgestanden und die alten Unstimmigkeiten hingen nicht mehr drückend in der Luft, verhielt sich meine Freundin vollkommen anders. Sie kehrte immer mit denselben Gefühlen, Ressentiments, ihrem alten Groll zurück. Sie nämlich hatte zwischenzeitlich nicht die Arbeit an ihrem Teil der Verantwortung geleistet. Mit anderen Worten: Meine fünfzig-Prozent-Lösung war im Grunde genommen eine Fünfundsiebzig-Prozent-Lösung; ich trug den Hauptteil der Last.

Genau dies geschieht ständig im Suchtsystem. Diejenigen, die sich bereitwillig mit ihren Beziehungen beschäftigen, stehen am Ende da und tragen fünfundsiebzig Prozent der Verantwortung, dann fünfundachtzig und so weiter. In der Zwischenzeit kümmert sich die andere Person noch nicht einmal um die verbleibenden fünfundzwanzig Prozent.

Vor einigen Jahren begaben sich mein damaliger Mann und ich in Therapie, um Schwierigkeiten in unserer Beziehung zu klären. Wir kannten den Therapeuten bereits aus unserer beruflichen Arbeit. Bald wußten wir alle drei, daß mein Mann es war, der den Eröffnungszug in jeder Auseinandersetzung machte. Dann kam ich mit dem zweiten Zug an die Reihe. Der Therapeut vertrat die Ansicht, es läge in meiner Verantwortung, diesen Zug *nicht* zu machen, da ich schließlich wußte, wie das Spiel ablief.

Dagegen beharrte ich auf meiner Meinung, dieser Ansatz sei unfair, denn nach ihm mußte ich die gesamte Verantwortung für die Beziehung übernehmen. Warum verlangte der Therapeut nicht von meinem Mann, auf den *ersten* Zug zu verzichten? Warum mußte eine Person alles auf sich nehmen? Wenig später brachen wir die Therapie ab. Das Verhalten der beiden – des Therapeuten (der zufällig ein Mann war) und meines Ex-Mannes – war durch dasselbe System bestimmt, und dabei hatte ich das Nachsehen.

Wir haben das Konzept einer gemeinsamen Verantwortlichkeit schon längst verfälscht. Zwar erklären wir, es bedeute ein gemeinsames Aufteilen, fünfzig zu fünfzig, doch dies ist so gut wie nie der Fall. Wenn nur eine Person die Hälfte der Verantwortung übernimmt, die andere Person jedoch ihren Anteil nicht trägt, dann wächst der Prozentsatz exponential an. Der Grund für die Verschiebung des Gleichgewichts ist einfach: Verstehen wir unter Verantwortung übernehmen Tadel und Schuldzuweisung, verzichten wir natürlich gern auf jeglichen Anteil daran.

Der Tunnelblick

Das erste Mal fiel mir der Tunnelblick des Suchtsystems – wie ich ihn nenne – bei einem Bekannten auf. Er war in einer Familie mit Alkoholproblemen herangewachsen und zeigte viele typische Eigenschaften eines Alkoholikers. Sobald er mir seine Aufmerksamkeit zuwandte, fühlte ich mich wie eine Königin, ja als stünde ich geradezu im Mittelpunkt aller Liebe und Zuneigung, und nichts außer mir wäre von Bedeutung. Diese Illusion war für den Moment großartig. (Später allerdings erkannte ich, daß dies mit der mir anerzogenen Vorstellung von *wahrer* Liebe und allem, was damit verbunden war, zusammenhing. Zur *wahren* Liebe gehörte eben ein solches Maß an Aufmerksamkeit und Intensität.)

Dies konnte sich allerdings schlagartig ändern, wenn er seinen Blick wegnahm. Dann war es, als hätte ich aufgehört, für ihn zu existieren, als gebe es keinerlei Fäden und Bezüge, die uns über den Moment des Blickkontaktes hinaus verbinden konnten.

Dann fiel mir auf, daß genau das gleiche passierte, wenn er mit anderen Menschen zusammen war (insbesondere Frauen). Er wandte sich ihnen zu, und es erging ihnen wie mir. Jede fühlte sich wie eine Königin, wie die Auserwählte selbst – und plötzlich war er wie von der Bildfläche verschwunden.

Die Situation klärte sich, als seine erwachsene Tochter zu Besuch war. Es war spannend, sie zu treffen und kennenzulernen. Doch es war auch merkwürdig: Als wir zu dritt zusammensaßen, schien es, als könnten jeweils nur zwei von uns eine Beziehung herstellen, der Mann und ich oder der Mann und seine Tochter. In der Zwischenzeit war die andere »auf Eis gelegt«. Er unterhielt sich mit ihr, und ich existierte für ihn nicht mehr; er unterhielt sich mit mir, und sie verschwand im Hintergrund. Gleichzeitig hatte jede von uns das Gefühl, als sei sie verlassen worden, sobald wir uns nicht mehr im Brennpunkt seines Interesses befanden. Infolgedessen begannen wir allmählich zu glauben, wir müßten um seine Zuwendung konkurrieren, denn schließlich reichte sie für uns beide nicht aus (Mangelmodell!). Obwohl ich mich gegen dieses Gefühl wehrte, konnte ich ihm dennoch kaum entgehen; der Tunnelblick dieses Mannes weckte einfach starke Konkurrenzgefühle in mir. Zum Glück gelang es seiner Tochter und mir, über dieses Verhalten zu sprechen, und daraufhin weigerten wir uns, weiter bei diesem Spiel mitzumachen.

Mittlerweile identifizierte ich diesen Tunnelblick als typisches Merkmal bei allen Süchtigen, mit denen ich in meiner Praxis arbeitete. In nahezu jedem Fall trat die gleiche Wirkung ein: Die Art des Kontaktes mit anderen Personen wurde erheblich eingeschränkt. Der Tunnelblick läßt wenig Raum für eine Interaktion, da die betreffende Person ihre Konzentration für einen bestimmten Augenblick nur auf einen Menschen richten kann. Eigentlich wird es unmöglich, mehrere verschiedene Verbindungen gleichzeitig herzustellen; das entspricht jedoch im wesentlichen dem Muster, nach dem Beziehungen in unserer Gesellschaft ausgerichtet sind.

Vor kurzem diskutierte ich mit einem Freund aus meiner Kindheit über dieses Phänomen. Wir wuchsen zusammen auf, und wenngleich wir heute weit entfernt voneinander wohnen, ist es uns doch gelungen, unsere Verbindung auch als Erwachsene aufrechtzuerhalten. Bei einem seiner Besuche sagte ich zu ihm: »Sobald wir nicht mehr zusammen sind, habe ich das Gefühl, als höre ich auf, für dich zu existieren. Aber du sollst wissen, daß dies umgekehrt nicht der Fall ist. Für mich sind immer Bezugspunkte vorhanden, die mich auf eine positive, liebevolle Art mit dir verbinden. Vielleicht werden sie manchmal schwächer oder treten in den Hintergrund, ganz einfach, weil wir keinen Kontakt haben. Doch sie sind stets da, egal, ob wir uns schreiben, miteinander telefonieren, uns sehen oder nicht.«

Dieser Gedanke faszinierte ihn, obwohl er ihm fremd war. Er versucht seitdem, dies spezifische Gefühl einer dauerhaften Verbindung zu entwickeln, auch in Zeiten, in denen wir nicht in Kontakt stehen. Aber das Ergebnis seines Experiments ließ ihn nach seinen Angaben doch immer wieder zusammenzucken.

Der Tunnelblick ist typisch für das Suchtsystem. Sobald wir uns auf ein solches System eingestellt haben, fixieren wir einen einzigen Punkt, alles andere hört auf zu existieren. Infolgedessen bemühen wir uns nicht um neue Verbindungen und halten bereits vorhandene nicht aufrecht, seien sie nun zwischenmenschlicher, spiritueller, intellektueller oder emotionaler Natur. Dieses Verhalten läßt sich auch auf der gesellschaftlichen Ebene verfolgen. Wir konzentrieren uns auf eine Idee, eine Person oder ein Land, während andere Ideen, Personen oder Länder für uns nicht mehr existieren oder sogar als Bedrohung unseres Fixpunktes, unserer »Realität«, wahrgenommen werden. Diese Intensität, diese Nähe hat zugegebenermaßen etwas Aufregendes an sich – dennoch ist sie von einer unwirklichen und destruktiven Qualität.

Der Tunnelblick zieht noch einen weiteren bemerkenswerten Effekt nach sich, der dem Bedürfnis nach Nähe entspringt. Oft haben Süchtige jeglichen Kontakt zu ihren Empfindungen verloren, so daß sie sich leblos fühlen und sich außerstande sehen, auf ihre Umwelt zu reagieren. Aus diesem Grund schaffen sie sich Situationen von nahezu übermenschlicher Intensität; möglicherweise erreichen diese sogar das Ausmaß von Krisen. In diesem Prozeß, in diesen Situationen, fühlen sie sich lebendig, wenn auch nur für kurze Zeit. Mit fortschreitender Sucht aber erleben sie sich als zunehmend von der Außenwelt abgeschnitten, sie begeben sich auf die Suche nach stärkeren, noch intensiveren Reizen, da schwächere gar nicht mehr registriert werden können.

Besonders offenkundig tritt dieses Dilemma in den Beziehungen des Suchtsystems hervor. Ständig sind die Partner auf der Suche nach dem neuen Nervenkitzel, der höheren Intensitätsstufe, und normalerweise wird Intensität dann mit Intimität verwechselt oder gar mit der Realität. Nähe selber wird zum »Kick«.

Gefühlsstarre ist ein Begriff, der von Leuten verwendet wird, die sich mit dem Alkoholismus beschäftigen, und der ebenfalls gut auf das Suchtsystem paßt. Dieser Begriff ist für das Verständnis des gesamten Suchtprozesses wesentlich.

Aus der Arbeit mit Süchtigen ist bekannt, daß sie eine starke Neigung haben, ihre Gefühle vollkommen auszuschalten. Berater und Therapeuten wissen, daß sie Süchtige dabei unterstützen müssen, diesen Kontakt in irgendeiner Form wiederherzustellen, ihnen eine Vorstellung von der Art dieser Gefühle zu vermitteln. Mag diese Verbindung am Anfang vielleicht auch schwach und oberflächlich sein, hergestellt werden muß sie.

Interessanterweise sind Süchtige oft Menschen, die zu außergewöhnlich starken Emotionen fähig sind; nur ist ihnen ein angemessener, gesunder Umgang mit diesen verlorengegangen. Angst, Ärger, Unruhe, Panik, Zorn, aber auch Freude, Erregung, Genuß und Zufriedenheit – mit all diesen Empfindungen glaubt der Süchtige nicht umgehen zu können, und die Sucht unterstützt diesen Glauben, indem sie diese Gefühle ausschaltet, verdeckt und unterdrückt. Zudem fehlt Süchtigen die Fähigkeit, zwischen ihren Gefühlen zu differenzieren. Angst, Ärger und Unruhe empfinden sie als gleichwertig, sofern sie sie überhaupt als solche wahrnehmen.

Betrachten wir nur die Erziehungspraktiken in unserem Kulturkreis, mit denen die meisten von uns in Kindheit und Jugend konfrontiert sind. Es ist leicht zu erkennen, daß der Schwerpunkt in dieser Erziehung auf der Ausbildung unserer Kontrollmechanismen liegt, und zwar sowohl in bezug auf uns selbst als auch auf unsere Gefühle. Erinnern Sie sich einmal an das Verhalten von Jackie Kennedy bei der Beerdigung ihres Mannes. Der Präsident war gerade brutal erschossen worden, und sie machte den Eindruck, als sei sie betäubt. Sie stand da, teilnahmslos, unerschütterlich und bemüht, keine Träne zu vergießen. Dieses Bild wurde uns im nachhinein als Ideal amerikanischer Fraulichkeit präsentiert.

Sämtliche Medien – Kino, Zeitschriften und Fernsehen – vermitteln uns die Botschaft: Bloß keine Gefühle zeigen! Besonders Männer werden von frühem Kindesalter an auf diese Verhaltensmuster hin erzogen. Darin liegt vermutlich auch der Grund, daß sie diese Gefühlsstarre so viel besser beherrschen als Frauen. (Möglicherweise trägt dies ebenfalls zu der in unserer Gesellschaft verbreiteten Auffassung von der Überlegenheit des Mannes bei.) Menschen mit Gefühlen stellen eine Bedrohung für das System dar, egal, ob es sich nun um Wut,

Glück, Haß, Zufriedenheit, Rachsucht oder Freude handelt. Es spielt keine Rolle, ob eine Empfindung positiv oder negativ ist; wir müssen sie nur unter Verschluß halten.

Indem uns das Suchtsystem die Freiheit nimmt, unsere Gefühle auszuleben und zu offenbaren, beraubt es uns gleichzeitig wichtiger Informationen darüber, wer wir eigentlich sind. Diese Unfreiheit nimmt uns sogar unser Leben: Wer fortwährend Emotionen unterdrücken muß, kann daran zugrunde gehen. (Jüngeren Forschungen zufolge unterscheiden sich die Tränen beim Zwiebelschneiden in ihrer chemischen Zusammensetzung von jenen, die wir aufgrund von Gefühlen vergießen; durch »echte Tränen« werden aus unserem Körper Gifte ausgeschwemmt.)

Es ist immer wieder verblüffend, wie viele Menschen sich bei mir in Therapie begeben oder an meinen Workshops teilnehmen, ohne die geringste Vorstellung von ihren Gefühlen zu haben. In diesem Zusammenhang bleibt mir ein Ehepaar unvergeßlich: Während des ersten Gesprächs schien der Mann offensichtlich immer wieder von einem Gefühl überwältigt zu werden; es drückte sich geradezu als Zittern aus, das über seinen ganzen Körper lief. Jedesmal unterbrach ich dann das Gespräch und fragte: »Was war das? Woran dachten Sie? Was haben Sie gefühlt?« Und er antwortete: »Nichts. Ich dachte an nichts Bestimmtes.«

Nach dieser ersten Sitzung fragte er, ob er zu mir in Einzeltherapie kommen könne. Er sagte, daß er jeden Bezug zu seinen eigentlichen Gefühlen verloren habe, daß ich die erste Therapeutin gewesen sei, die überhaupt eine innere Regung bei ihm wahrgenommen habe. Im Verlauf des folgenden Jahres, als er seine Empfindungen allmählich besser kennengelernt hatte, wurde ihm bewußt, daß er schwul war, es immer gewesen war, nur hatte er diese Realität unterdrückt, um in eine »normale« Ehe zu passen. Das richtete seine Psyche und seinen Körper zugrunde. Mit der Zeit gelang es ihm, über das Schwulsein mit seiner Frau zu sprechen, und sie einigten sich einvernehmlich auf eine Scheidung. Seitdem kommen beide besser zurecht, und beide sind glücklicher.

Wir benutzen eine Sucht, um unsere Gefühle zu blockieren, ohne zu wissen, warum wir das tun. Die meisten Menschen, die feststellen, daß es sie, sobald sie unruhig sind, nach einem Drink, einer Zigarette oder einem kleinen Imbiß verlangt, bringen dieses Bedürfnis nicht mit der Unruhe in Zusammenhang. Sie empfinden irgend etwas, sind aber nicht in der Lage, es zu bestimmen oder zu begreifen, und deshalb steuern sie ihren »Kick« an, ob er nun stoff- oder prozeßgebunden ist. Je lebloser sie werden, desto höher müssen sie die Intensität ihrer Gefühle dosieren, um überhaupt etwas zu spüren. Sie erzeugen sich extreme Wut-, Schmerz- oder Angstsituationen – nur, um sich selbst daran zu erinnern, daß sie noch am Leben sind.

Bis vor kurzem arbeitete ich mit einer Frau, die sich seit Jahren um ihre Genesung bemüht. Nachdem sie zunächst ihren Alkoholismus erfolgreich behandelt hatte, beschäftigte sie sich mit weiteren Süchten, einschließlich Co-Abhängigkeit, Eß- und Nikotinsucht. Vor nicht allzulanger Zeit nahm sie an einem meiner Workshops teil. Zuerst behauptete sie, sie habe keinerlei Gefühle. Plötzlich stutzte sie und sagte: »Moment. Das stimmt nicht. Ich glaube, ich spüre etwas – Zufriedenheit. Mir war nie klar, was das eigentlich ist, und ich konnte es nie benennen. Außerdem ist es so zart, daß ich nicht einmal wußte, daß es ein Gefühl *war!*«

Im Suchtsystem betrachten wir unsere Gefühle als Verbindlichkeiten. Uns fehlt die Möglichkeit, sie zu testen, auszudrücken oder gar über sie zu sprechen. Wir können als ganzheitliche Menschen mit einer Fülle von Emotionen und Intuitionen erst funktionieren, wenn wir dieses System verlassen. Und erst dann beginnt das wirkliche Leben.

Ethische Verwahrlosung

Um das Suchtsystem und seine Auswirkungen auf uns zu verstehen und zu entschlüsseln, müssen wir ein weiteres Konzept kennenlernen: Es erfaßt den Verlust der inneren Moral und der Wertvorstellungen, kurz, die ethische Verwahrlosung.

Wer mit Süchtigen arbeitet, lernt schnell die Anzeichen dieses Verlustes oder dieses »spirituellen Bankrotts« zu erkennen; denn bei harten Alkoholikern oder Drogensüchtigen ist der Kontakt zu Moralvorstellungen oder der Spiritualität längst unterbrochen. Geht es um ihren »Kick«, würden sie stehlen, lügen und im Extremfall auch morden. Daß diese Verhaltensmuster ein zusammenhängendes Ganzes darstellen, ist allerdings weniger leicht zu erkennen. Die Symptome treten nämlich in den verschiedensten Bereichen auf: Die eigenen Kinder werden vernachlässigt oder schlecht behandelt, Rechnungen nicht rechtzeitig bezahlt, die Beziehungen sind von Unehrlichkeit bestimmt, Steuern werden hinterzogen. Zwischen all dem besteht ein Zusammenhang. Meines Erachtens trägt jeder Mensch in sich sehr klare Vorstellungen von dem, was ihm guttut und was ihm, ganz persönlich, schadet: seine innere Moral. Wir *wissen* genau, wann wir lügen, egoistisch sind, jemanden verletzen oder etwas tun, das wir besser lassen sollten. Das Suchtsystem bietet einfach unzählige Gelegenheiten, unsere innere Moral aufs Spiel zu setzen. Zudem hält es sämtliche Hilfsmittel bereit, die wir dazu benötigen. Selbstbezogenheit, die Illusion der Kontrolle, gestörte Denkprozesse, Verleugnung, Verteidigung, Angst, Gefühlsstarre und all die anderen Merkmale dieses Systems stehen uns zur Verfügung und hindern uns daran, als moralische, verantwortungsbewußte Personen zu handeln. Sie bringen unsere innere Stimme, die die Wahrheit spricht, zum Schweigen. Auf die staatliche Ebene übertragen, bedeutet dies, wir zweifeln unsere Aktivitäten nicht an, da sie ja schließlich von *uns* ausgehen.

Begeben wir uns auf eine noch höhere Stufe, dann sehen wir, wie das Leben im Suchtsystem zur Verleugnung unserer Spiritualität führt. Wir sind uns nicht bewußt, daß wir spirituelle Wesen mit wichtigen, uns innewohnenden Kräften sind. Es geht hier nicht um Religion – das möchte ich betonen. Vielmehr spreche ich von *Spiritualität,* und zwischen beidem kann ein großer Unterschied bestehen. Genaugenommen vermag uns eine Religion sogar von unseren spirituellen Quellen zu entfernen.

Der Verlust unserer Spiritualität treibt uns in suchtgeprägte Verhaltensmuster. Dabei geschieht folgendes: Zunächst schafft das Suchtsystem einen Gott nach seinen Vorstellungen, dann verzerrt es dieses Bild, um seine eigenen Ziele zu verfolgen. Dies gehört als fester Bestandteil zur irreführenden Natur dieses Systems. Hinzu kommt, daß diese Verzerrung uns noch stärker von unserer Spiritualität, unserem Selbstverständnis als spirituelle Wesen, trennt.

Das Suchtsystem geht von der Voraussetzung aus, daß wir Steuern hinterziehen. Tun wir es nicht, gelten wir als naiv. Es setzt voraus, daß wir bei geschäftlichen Angelegenheiten unehrlich sind, andernfalls betrachtet man uns als harmlos. Es geht von der Annahme aus, daß wir unentwegt versuchen, mehr materielle Güter zu horten, als wir jemals gebrauchen können. Ansonsten werden wir als Menschen behandelt, die nicht richtig in dieses System passen.

Wer Unehrlichkeit als Mittel zu beruflichem Aufstieg, zu Macht- und Geldgewinn ablehnt, dem wird nachgesagt, er sei »nicht aggressiv genug« oder »nicht ehrgeizig genug«. Sie würden es in diesem System »zu nichts bringen«, heißt es von solchen Menschen. Daß sie sich auf ein *anderes* System eingestellt haben, unter *anderen* Voraussetzungen leben, dafür gibt es wenig oder gar kein Verständnis.

Der Verlust der Spiritualität ist meiner Ansicht nach eine Gefahr für uns selbst und für andere. Weiter glaube ich, daß die Denkprozesse der linken Gehirnhälfte allein kein Weg zur Spiritualität hin sind. Religionen, die auf einem solchen Denken beruhen, lehren uns, die eigene Spiritualität zu rationalisieren, zu objektivieren und an der Logik zu messen. Das Problem ist nur, daß dies alles nichts mit Spiritualität zu tun hat. Vielmehr geht es um das *Erleben* und *Erfahren* unseres spirituellen Selbst, und das ist eher irrational, nicht-objektiv und un-logisch.

Eine Sucht verhindert diese Erfahrung. Sie blockiert sie gleichsam und versperrt uns den Zugang zu ihr. Bei meiner Arbeit mit anerkannt Süchtigen, aber auch mit Menschen, die nicht als solche gelten, jedoch im Suchtsystem herangewachsen sind, konnte ich feststellen, daß diese in zunehmendem Maße ihr spirituelles Selbst verloren haben. In all diesen Fällen versuchte ich, erste winzige Schritte zu unterstützen, die auf eine Erneuerung der Bindung zwischen den Betreffenden und ihrer Spiritualität hinausliefen. Oft geht dieser Prozeß langsam und schmerzhaft vor sich. Aber er kann sich niemals durch rein rationales oder logisches Denken vollziehen, und nur selten, indem man den Geboten einer organisierten Religion folgt.

Es wird zunehmend schwieriger, die Tatsache zu leugnen, daß wir in einem System leben, in dem Lügen, Betrügen und Stehlen die Norm bilden, in dem diese Verhaltensweisen ganz einfach schon deshalb Rechtfertigung finden, weil sie das System stützen. Wenn es dem System nützt, ist selbst Massenmord entschuldbar. Wir brauchen uns nur umsehen – und in uns zu gehen –, um zu erkennen, welchen Preis wir dafür zahlen.

Wenn wir unsere Spiritualität dem Fortbestehen des Systems opfern, fördern wir damit für unser Leben und die Gesellschaft die Entwicklung, die in Richtung Leblosigkeit geht. Spirituell sein bedeutet, sich vollkommen lebendig zu fühlen.

Angst

Das Suchtsystem baut auf Angst auf. Wir fürchten um unser bloßes Überleben, und unsere Kinder wachsen in derselben Angst heran. In einem System, das Gewalt und Unsicherheit nährt, in dem Verwirrung und Selbstbezogenheit wuchern, das auf dem Diktat des Mangelmodells beruht und uns glauben macht, es gebe nicht genug Nahrung, Geld oder Energie (aufgrund des *gegenwärtigen* Hortens) –, in einem solchen System wird ein unbeschadetes Leben zum echten Problem.

Nahezu alle Merkmale des Suchtsystems, die ich Ihnen bisher nannte, haben ihre Wurzeln in der Angst. Die Illusion der Kontrolle, Krisenorientierung, Unehrlichkeit, gestörte Denkprozesse, Verleugnung, Abhängigkeit, Negativismus, Verteidigung – sie alle entstehen aus der

Angst. Wie sollten wir auch keine Angst haben? Wir kennen unsere eigenen Grenzen nicht, wir nehmen unsere Umwelt im Freund-Feind-Schema wahr, wir kriegen nie genug. Deshalb liegt unsere einzige Überlebenshoffnung darin, daß wir das Denken, Handeln und Sagen anderer unter Kontrolle bekommen und damit die möglichen Auswirkungen der anderen auf uns abschwächen.

Angst bedingt unsere Süchte. Wenn die Wahrscheinlichkeit der totalen Vernichtung stets gegenwärtig ist, dienen suchterzeugende Substanzen oder Prozesse dazu, die Wahrnehmung unseres eigenen Entsetzens über diesen Zustand zu blockieren. Darüber hinaus stumpfen uns Alkohol, Drogen, Essen oder auch Fernsehen gegen die Realität ab – gegen unsere Wahrnehmungen und gegen unser Wissen. Deshalb schaffen wir uns Krisen, als Garantie dafür, daß doch noch eine geringe Überlebenschance besteht. Natürlich verstärkt dieser schwache Hoffnungsschimmer die Abhängigkeit von unseren Süchten, von unseren gewohnten »Kicks«, die uns die Illusion vermitteln, wir hätten unser Leben unter Kontrolle.

Angst durchdringt das Suchtsystem. Die Frauen des Reaktiven Weiblichen Systems beispielsweise leben in ständiger Furcht, da sie ihrer Auffassung nach ohne männlichen »Berechtigungsschein« und Anerkennung nicht existieren können. Wer sich jedoch selbst nicht als rechtmäßiges menschliches Wesen betrachtet und seine Daseinsberechtigung als Mensch von äußerer Zustimmung abhängig macht, muß in permanenter Angst leben. Solchen Menschen bereitet es Unbehagen, ihren eigenen Wahrnehmungen und Gefühlen zu vertrauen, da ja stets die Gefahr besteht, daß sie sich von denen der Personen unterscheiden, die ihnen Legitimität verleihen. Unterscheiden sie sich dann tatsächlich von denen, kommt dies einer psychischen Vernichtung gleich.

Angst hält das Suchtsystem zusammen. Ohne Angst hätte dieses System keine Überlebenschance.

Das Suchtsystem als illusionäres System

Mittlerweile sehe ich das Suchtsystem als ein illusionäres System. Zu dieser Auffassung gelangte ich auf einem interessanten Weg, und es dauerte lange, bevor ich mir vollkommen sicher war.

Ich hatte gerade Richard Bachs Buch ›Illusionen‹[4] gelesen und eine ganze Reihe der östlichen Glaubenslehren studiert, die im Kern besagen: »Alles ist Schein.« Dieses Konzept war in spirituellen Kreisen weit verbreitet, doch irgend etwas daran schien mir grundsätzlich falsch zu sein.

Eines Tages fuhr ich dann durch das Gebirge von Colorado – das Verdeck meines Wagens war offen – und dachte über die Vorstellung nach, daß jeder sich seine eigene Realität schafft und alles bloß Illusion ist. Während ich auf die Berge sah, wurde mir schlagartig die Verrücktheit dieser Idee bewußt. Diese Berge hatte *ich* nicht geschaffen. Ebensowenig wären dazu all die intelligenten, hellwachen Menschen aus meinem Bekanntenkreis imstande gewesen, und trotzdem lagen die Berge vor mir. Und ganz gewiß hatte sie das System nicht geschaffen, in Wirklichkeit hatten sie noch nicht einmal etwas mit dem System zu tun. Sie bildeten, für sich gesehen, eine Realität.

Das Suchtsystem dagegen definiert sich selbst als Realität und erklärt alles übrige als nicht-existent (Nicht-Realität). In diesem System sind wir gezwungen, unsere Realität, unsere Erfahrungen zu ignorieren, unsere Wahrnehmungen und unser Wissen zu leugnen und schließlich die Welt seinen Bestimmungen gemäß zu begreifen. Da dieses System selbst auf einer Illusion beruht, zwingt es uns, *alles* als Illusion wahrzunehmen. Natürlich ist dies an sich bereits eine illusionäre Handlung, nichts als ein Spiegelbild eines illusionären Systems.

Lassen Sie mich noch weitergehen: Das Suchtsystem an sich ist ein illusionäres System, es bestimmt Menschen und Dinge nach seiner Realität – die nur Illusion ist. Folglich stellt alles, woran wir in diesem System glauben, bloße Illusion dar. Das Suchtsystem stützt sich auf die verschiedensten Illusionen: auf die der Kontrolle, des Perfektionismus, auf Denkprozesse, welche die Realität mit Hilfe von rationalen und logischen Konstrukten, Unehrlichkeit und Verleugnung verzerren und verdrehen. Der Glaube, das Suchtsystem sei die einzige Realität, ist an sich eine Illusion. Sie führt uns zu dem Glauben, es gebe überhaupt keine Realität. Natürlich stimmt das nicht. Es gibt eine Realität, die uns bekannt ist, die aus unseren persönlichen Erfahrungen gewachsen ist. Sie wird durch das von mir als Lebensprozesse-System bezeichnete System dargestellt. Gegenwärtig aber haben wir uns von unserem Wissen, dem Bewußtsein über die Realität und unseren Wahrnehmungen entfernt, um in das Suchtsystem zu passen.

Dieses illusionäre System ist nicht nur durch vollkommen wirre Denkprozesse und ein kompliziertes Abwehrsystem gekennzeichnet, vielmehr stoßen wir darin immer wieder auf eine ganze Menge Unsinn!

Damit wir unsere Illusionen nicht verlieren und in diesem illusionären System leben können, müssen wir die Realität unserer Lebensumstände in möglichst vielen Bereichen ausblenden. Hierin liegt der Grund, warum Süchte ganz wesentlich zum Fortbestehen des Suchtsystems beitragen. Sie hindern uns zu sehen, was offensichtlich ist, und zu wissen, was wir erfahren haben: zu sehen, was wir sehen, und zu wissen, war wir wissen. Süchte sorgen für unsere perfekte Anpassung an ein unlebendiges System, ein System, in dem Berge zu einem Phantasieprodukt unserer Vorstellungskraft werden.

Zusammenfassung

In diesem Teil habe ich versucht, einige der bekannteren Merkmale zu untersuchen, die für den Süchtigen typisch sind. Gleichzeitig wollte ich zeigen, welche Auswirkungen sie auf der systemischen Ebene haben. Bereits an anderer Stelle erwähnte ich, daß dies ein holographisches Konzept darstellt. Das Individuum spiegelt das System wider und das System wiederum das Individuum. Beide sind zugleich ähnlich und verschieden. Wir können das Funktionieren der exakt gleichen Merkmale im System wie auch beim individuellen Süchtigen beobachten.

Wollen wir das System, in dem wir uns bewegen, verstehen und auf seine Genesung hinarbeiten, dann müssen wir ohne Zögern, ohne Vorbehalt eingestehen, daß es süchtig ist und auf der systemischen Ebene genauso funktioniert wie ein aus dem Gleichgewicht geratener und zunehmend verfallender Trinker. Darüber hinaus müssen wir aufhören, an diesem Krankheitsprozeß aktiv mitzuwirken wie auch ihn zu verleugnen. Möglicherweise gelingt es uns dann, den Elefanten in seinem wahren Kontext zu sehen: dem Suchtsystem.

Die Prozesse des Suchtsystems

Im zweiten Teil habe ich die typischen Merkmale des Süchtigen sowie des Suchtsystems vorgestellt. Vielleicht erinnern Sie sich, daß ich dort auch über prozeßgebundene Süchte sprach. In diesem Teil werde ich die wichtigsten Prozesse des Suchtsystems und ihre Begleiterscheinungen untersuchen. Später werde ich auf zwei weitere Konzepte eingehen: den Lebensprozeß und ein in Prozeßform verlaufendes Leben.

Zugegeben, es kann Verwirrung hervorrufen, das Wort *Prozeß* in drei verschiedenen Bedeutungen zu verwenden. Trotzdem – und das scheint paradox, entspricht jedoch dem holographischen Konzept – sind die drei Arten, den Prozeßbegriff zu gebrauchen, gleichzeitig ähnlich *und* unterschiedlich.

Die Bezeichnung prozeßgebundene Süchte ermöglichte uns deren Unterscheidung von den substanzgebundenen. Menschen, die von prozeßgebundenen Süchten abhängig sind, führen ein ungesundes und destruktives Dasein. Diese Süchte verursachen Wahrnehmungen und Verhaltensmuster, die unser inneres Wachstum hemmen. Sie sind kontraproduktiv, schmerzvoll und können sogar tödlich sein. Möglicherweise befriedigen uns diese Prozesse am Anfang, oder sie bringen uns Freude. Doch sobald wir ihnen verfallen sind, vermögen sie ihren ursprünglichen Zweck nicht mehr zu erfüllen. Die Freude an der Arbeit verwandelt sich in zwanghaftes Schuften. Wir verdienen Geld nicht mehr allein, um unsere Bedürfnisse zu decken, sondern weil wir den Drang dazu verspüren.

Was ich unter den Prozessen des Suchtsystems verstehe, wird Ihnen im Verlauf dieses Teils deutlich werden. Doch bevor ich damit beginne, möchte ich kurz auf die Begriffe »Lebensprozeß« und »Leben in einem Prozeß« eingehen, den dritten Zusammenhang, in dem ich den Begriff *Prozeß* verwende. Nach meiner Ansicht besitzt jeder von uns einen gesunden, natürlichen Prozeß: Dies ist unser persönlicher Lebensprozeß. Sie haben einen Lebensprozeß, er ist allein der Ihre, und niemand wird ihn für Sie leben können. Folgen Sie diesem Prozeß, sind Sie glücklich und gelassen, dann »arbeitet« das Leben für Sie. Wenn Sie in diesem Prozeß leben, befinden Sie sich im Einklang mit Ihrem eigenen Willen, Ihrem Bewußtsein, Ihrer Integrität, Spiritualität und Moral. Sie leben im Einklang mit Ihrem ureigenen Selbst.

Jedes System hält Inhalte, Rollen (Definitionen) und Prozesse bereit. Je nachdem, wie das System ausgerichtet ist, bewertet es die Inhalte höher als die Prozesse oder die Rollen höher als die Inhalte. Das Suchtsystem ist am Prinzip der Kontrolle orientiert, daher liegt sein Schwerpunkt auf Inhalten und Rollen. In diesem System herrscht die

Annahme, wir bräuchten lediglich die Inhalte zu ändern, und alles würde seinen Platz finden.

Von dieser Voraussetzung gehen die Verhaltenstherapie und auch andere Therapieformen aus. Sie lehren uns, daß wir nur unser Denken und Handeln zu ändern bräuchten oder etwas Neues lernen müßten, und die Beschäftigung mit unseren eigenen Prozessen bliebe uns erspart. Geben wir den Menschen neue Fakten an die Hand, dann werden sie ihr Verhalten schon dementsprechend ändern. Auf diesem Glauben basieren viele teure Management-Workshops. Die Leute nehmen in der Erwartung daran teil, bestimmte Dinge zu lernen, genau diese Dinge lehrt man sie auch (zusätzlich erhalten sie viele Informationsunterlagen); im Anschluß daran geht jeder mit dem Gedanken nach Hause, nun habe er etwas Wichtiges erreicht.

Prozesse sind weitaus schwieriger zu benennen und zu ändern und ihre Macht übersteigt die von Inhalten bei weitem. Nehmen Sie beispielsweise eine Mutter, die ihrem Kind sagt: »Ich bin NICHT böse!!« Zwar besagt der *Inhalt* dieser Äußerung, die Mutter sei nicht böse oder ärgerlich, aber der *Prozeß*, der Vorgang, drückt aus, daß sie eigentlich sehr wohl böse ist. Selbstverständlich kann das Kind dies an ihrem Tonfall erkennen, ihrem Gesichtsausdruck, ihrer Körperhaltung. Also denkt das Kind: »Natürlich ist Mami ärgerlich. Warum sagt sie, daß sie es nicht ist?« (Wenn wir Kindern derartig zwiespältige Botschaften übermitteln, reden wir ihnen mit der Zeit ein, sie seien verrückt!)

In den bisherigen Kapiteln ging es um die Benennung der *Inhalte* und *Rollen* im Suchtsystem – seinem *Was*. Nun müssen wir uns seinen Prozessen zuwenden und das *Wie* benennen. Die Prozesse stellen die geheimen, unsichtbaren Kräfte des Systems dar; sie tragen zu seinem Fortbestehen bei. Und bis heute sind sie im wesentlichen namenlos geblieben.

Der Prozeß des Versprechens

Versprechen und daraus resultierende Hoffnung – auf diesem Prozeß baut das Suchtsystem auf. Ganz gleich, ob nun jemand sagt »Morgen höre ich mit dem Trinken auf« oder »Jedem sein Himmelreich« – zwischen beiden Äußerungen besteht nur ein geringer, wenn überhaupt ein Unterschied. Beide lassen uns hoffnungsvoll in die Zukunft blikken, während wir die Gegenwart nicht wahrnehmen, uns nicht mit ihr beschäftigen.

Keine Einrichtung beherrscht diesen Prozeß so mustergültig wie die Kirche. Eines ihrer wichtigsten Dogmen verspricht das ewige Leben. An diesem Versprechen richten wir unser Verhalten aus: Wir befolgen die Gebote der Kirche und wollen ihr gefallen. Die Erlösung ist uns ebenso gewiß wie eine verheißungsvolle Zukunft, also ignorieren wir die Gegenwart. Wir sehen einer Zeit entgegen, wo Kummer und Sorgen keine Rolle mehr spielen und sich in einen Glückszustand verwandeln – warum also heute Veränderungen anstreben?

Das Versprechen des Suchtsystems lautet: *Es ist möglich, alles zu bekommen* – so lange wir das System akzeptieren und seinen Regeln entsprechen, so lange sind unsere Wünsche und Bedürfnisse zu erfüllen. Wir wachsen in dem Glauben heran, jeder könne Wohlstand erlangen, in der Lotterie gewinnen oder eines Tages Präsident werden. Wir setzen unser Vertrauen in das System in der Hoffnung, es werde für uns sorgen.

Das zweite Versprechen des Suchtsystems lautet: *Alles wird sich zum Besten wenden*. Eines Tages wird unser Partner das Trinken schon aufgeben, oder seinen Drogenkonsum. Eines Tages wird er wirklich die notwendige psychische Arbeit leisten, damit es ihm oder ihr besser geht. Eines Tages wird er schon einen Job finden und seine oder ihre Schulden abzahlen. Mißhandelte Frauen, die bei ihren brutalen Männern bleiben, glauben diesen aufrichtig, wenn sie beteuern: »Ich tue es nie wieder.« Sie fallen auf solche Versprechungen herein.

In jeder Suchtfamilie, mit der ich bisher gearbeitet habe, trat ein Problem auf: die Angst vor dem Urlaub und besonderen Anlässen wie Familienfeiern oder Festtagen. Ferien versprechen stets, eine außergewöhnliche Zeit zu sein, eine behütete »Familienzeit«, doch dieses Versprechen entpuppt sich immer und immer wieder als Täuschung. Für die meisten Menschen, die aus Suchtfamilien stammen, sind Ferien besonders erbärmliche Zeiten. Das hindert sie jedoch in keinster Weise an der Erwartung, alles werde sich zum Besten wenden! Sie weigern sich standhaft, Ferien als das zu erkennen, was sie für sie bedeuten. Diese Weigerung ruft ihrerseits Spannung und Streß hervor, denen normalerweise mit der Erzeugung irgendeiner Krise abgeholfen wird.

Dieser Prozeß des Versprechens ist es denn auch, der Suchtbeziehungen oft aufrechterhält. Jeder Partner bleibt bewegungslos in seinem Sumpf stecken, da der Blick in die Zukunft gerichtet ist. Keiner von beiden kann dem System entkommen, keiner kann gesund werden. Um jedoch den Glauben an den Prozeß des Versprechens nicht zu erschüttern, müssen die Betreffenden ein zunehmend ausgeklügeltes Verleugnungssystem entwickeln und ihre persönliche Erfahrung fortwährend ignorieren.

Mir fällt auf, daß dieser Prozeß in unserem Kulturkreis im Augenblick dabei ist zusammenzubrechen. Da wir aus einem Mangelmodell heraus operieren, haben wir Materielles gehortet, bis uns irgendwann das Schrumpfen der Bodenschätze, die Energie- und weltweite Nahrungsmittelknappheit die Frage aufzwingen werden, wie lange wir uns noch vom dem Versprechen, der Illusion des Überflusses, täuschen lassen.

Der Prozeß der Vereinnahmung/Pseudopodisches Ego

Vereinnahmung ist ein weiterer Prozeß, auf den das Suchtsystem angewiesen ist. Das Suchtsystem mit seinem pseudopodischen Ego breitet sich aus, umschließt ein anderes System und verleibt es sich ein, bis ein Unterschied nicht mehr erkennbar ist. Dieser Prozeß gleicht der Kolonisierung, einer bevorzugten Praxis des Suchtsystems, die sich bis weit zurück in die Geschichte verfolgen läßt.

Anhand eines Beispiels aus meinem Leben möchte ich Ihnen diesen Absorptionsprozeß demonstrieren. Ich war über viele Jahre mit einem Mann befreundet. Noch heute kommt er oft zu Besuch und bleibt dann etwa eine Woche bei uns. Als ich ihn einmal fragte, warum er immer noch komme, was er eigentlich davon hätte, da er ja doch die meiste Zeit herumhinge und keiner speziellen Beschäftigung nachginge, antwortete er: »Deine Umgebung tut mir einfach sehr gut. Ich komme zu euch, um wieder zu mir zu finden und meine Bedürfnisse zu befriedigen.«

Daraufhin antwortete ich ihm: »Es überrascht mich nicht, daß du bei deinem Leben und deiner Arbeit nicht zufrieden bist. In deiner unehrlichen und kontrollierenden Umgebung ist es unmöglich, daß ein menschliches Bedürfnis erfüllt wird.« (Ich war in meiner Eigenschaft als Unternehmensberaterin bei ihm gewesen und wußte, wie es dort zuging.)

Sofort ging er in die Defensive: »Da täuschst du dich«, sagte er. »Du warst unter ganz bestimmten Voraussetzungen da und kennst die wahren Umstände nicht.«

Daß gerade er – als Mann – mein Urteil abtat, überraschte mich nicht, es entsprach der Regel. Normalerweise beginnt ein solcher Gesprächsablauf mit Männern mit einem Einwand oder einer Widerlegung eines unbedeutenden Aspekts meiner Argumentation. Damit meinen die Betreffenden dann, die Rechtfertigung dafür zu besitzen, über alles Folgende hinwegzugehen, was ich sage. Übrigens ist dies eine Technik, die im Suchtsystem häufig Anwendung findet: Wir möchten unserer Suchtkrankheit nicht ins Gesicht sehen, also suchen wir nach jedem kleinsten Fehler in den Aussagen anderer Personen, um danach dann alles übrige abzutun; damit »schützen wir unser Revier«, wie die Anonymen Alkoholiker es nennen.

Vor Jahren hätte ich mich in dieser Situation zurückgezogen, wäre weggegangen und hätte das Thema in Zukunft vermieden. Nach meinem Eintritt in die Frauenbewegung hätte ich in diesem Fall gekämpft und mich wütend gegen diese Form des Abtuns gewehrt. Doch zu der Zeit, als ich das Gespräch mit meinem Freund führte, konnte ich einen Schritt zurücktreten, den zwischen uns ablaufenden Prozeß erkennen und ihn beim Namen nennen.

»Mit dieser Masche lasse ich mich nicht von dir abservieren«, sagte ich. »Du hast zwar recht, daß ich unter bestimmten Bedingungen dort war. Aber das hat nichts mit meiner Wahrnehmung zu tun, und das heißt nicht, daß meine Beobachtungen untauglich sind.«

Widerwillig gab er schließlich zu, daß meine Eindrücke richtig waren, und wir konnten einen Schritt weitergehen. »Es stimmt schon, mir fehlt vieles in meiner Umgebung«, erklärte er, »aber hin und wieder bieten die Leute in meinem Umkreis doch ihre Hilfe an. Wenn der Elternteil von jemandem stirbt oder jemandem etwas Schlimmes zustößt, dann sind sie für ihn da.«

Plötzlich wurde mir klar, wovon er eigentlich redete: von einem *Systemwechsel*. Er bezog sich auf Zeitpunkte und Anlässe, die einem anderen System zum Durchbruch verhalfen – einem System ohne Unehrlichkeit und Kontrolle, einem System, das vollkommen verschieden vom Suchtsystem ist. Im Grunde genommen wurden dann derartige Wechsel einfach vom Suchtsystem vereinnahmt, von ihm für sich selbst in Anspruch genommen und als ein ihm zugehöriger Teil erklärt.

Genau diese Vereinnahmung durch das Suchtsystem mußten seit jeher die Menschen in Kauf nehmen, die aus dem Lebensprozesse-System heraus agierten. Jedesmal, wenn wir »etwas bieten«, was dem Suchtsystem Nutzen bringt – eine Klarstellung etwa oder Genesung, Umsicht, Ehrlichkeit oder Liebenswürdigkeit –, wird es von diesem System vereinnahmt. Es mag ironisch klingen, doch genau diese aus dem Lebensprozesse-System stammenden Infusionen, diese Zufuhr hält das Suchtsystem ungewollt am Laufen! Das Suchtsystem flößt sich diese Prozesse wie Medizin ein und nimmt sie sodann in Besitz. Dadurch wird das Fortbestehen des Systems ermöglicht – in der gleichen Weise, wie der Co-Abhängige die Sucht des Alkoholikers ermöglicht.

Wie schon der Prozeß des Versprechens läßt sich auch der Prozeß der Vereinnahmung besonders in Suchtbeziehungen verfolgen. Fragen wir jemanden, warum er eine solch destruktive Beziehung nicht aufgibt, erhalten wir ungefähr diese Antwort: »Mir ist schon klar, daß alles wirklich schrecklich ist, aber gelegentlich – vielleicht alle paar Monate oder einmal im Jahr – geschieht doch etwas Positives. Wir sprechen miteinander, es verändert sich etwas, und dann glaube ich, wir werden es doch schaffen.« Anders formuliert: Hier bricht ein neues System durch. Und da dieser Prozeß zu genau diesem Zeitpunkt vom Suchtsystem benötigt wird, absorbiert es ihn, macht ihn sich zu eigen und kann durch ihn weiterbestehen.

Unterschiede haben im Suchtsystem keinen Platz, aus diesem Grund werden sie für nicht-existent erklärt. Ein Schwarzer ist eigentlich nicht richtig scharz; er oder sie ist »ganz wie wir«. An dieser Art von Verleugnung läßt sich das Funktionieren der Absorption und des pseudopodischen Egos erneut deutlich erkennen.

Lesen Sie nur den folgenden Abschnitt. Es handelt sich um den Auszug aus einem Artikel der ›New York Times‹, der im Jahr 1985[1] erschien:

»Jarvis Stanford, ein 20 Jahre alter Schwarzer, arbeitet mit Allan Shenberger im ›Kroger Store‹. ›Al und ich kommen wirklich gut miteinander klar‹, sagt er. ›Manchmal gehe ich rüber zur Tankstelle. Manchmal kommt er hierher, und wir sitzen rum und rappen und hören uns meine James-Ingram-Tapes an.‹ Shenberger sagt über Stanford: ›James ist prima. Für mich gibt es Schwarze und dann wieder Nigger, aber James kommt mir wie ein Weißer vor. Wir kommen gut miteinander klar. Er hat mir wirklich oft aus der Patsche geholfen.‹«

Bedarf es hier noch einer Erklärung?

Der Prozeß der Illusion

An früherer Stelle bezeichnete ich das Suchtsystem als illusionär. Indem es sich selbst als Maßstab nimmt, bezeichnet es alles übrige – unsere gesamten Erfahrungen und unsere Realität – als Illusion.

Das ist bestenfalls lediglich verwirrend; im schlimmsten Fall allerdings ist es lähmend. Unsere fragende, fühlende, forschende Intelligenz wird fortwährend durch unseren rationalen Verstand unterdrückt.

Wir sind gewohnt, die Illusion – das heißt die Möglichkeit, wie Gott zu sein, allwissend, stets logisch und rational sowie überlegen und kontrollierend zu sein – als Realität hinzunehmen. Allerdings entsteht hierdurch ein Konflikt zwischen erlebter Realität und Illusion. Wir lösen ihn, indem wir die rationalen, logischen Denkprozesse (Analyse und Intellektualisierung) benutzen, um das Irreale auf die Stufe des Realen zu heben. Gleichzeitig entwickeln wir Erklärungs- und Korrekturmechanismen, um diese Täuschung zu untermauern. Wir tun unsere Erfahrungen und unsere Realität als ungültig ab; dies hat zur Folge, daß wir uns noch weiter von unserer wirklichen Erfahrung und Realität entfernen – und so geht es weiter, ohne Ende.

Wenn mich beispielsweise jemand belügt, weiß ich inzwischen, daß ich das nicht etwa mit meinem logischen, rationalen Verstand erkenne. Vielmehr kommt die Information aus meinem Solarplexus. Vor einigen Jahren, anläßlich der Wahlen zum Senat, hatte ich Gelegenheit, unsere Politiker im Fernsehen kennenzulernen. Was ich sah und hörte, wurde als Wahrheit hingestellt, als rational und logisch. Aber mein Solarplexus war anderer Ansicht. Hätte ich mich nun der Suchtmuster bedient und meine Gefühle unterdrückt, meine innere Reaktion wäre mir nicht bewußt geworden, so jedoch *war* ich mir ihrer bewußt. Um den Personen im Fernsehen Glauben schenken zu können, hätte ich über mein Bewußtsein und meine Realität hinwegsehen müssen, sie für ungültig erklären und die Illusion annehmen müssen. Das aber konnte ich nicht.

Meiner Ansicht nach haben die geistigen Konstruktionen des linearen, rationalen, logischen Verstandes – auch wenn sie wichtig sein mögen – nahezu gar nichts mit den Erfahrungen zu tun, die wir im Leben und in unserer Umwelt machen. Dennoch halten wir daran fest, daß sie Realität seien.

Der Prozeß der Illusion wird von einer Erscheinung begleitet: der Kontrollillusion. *Was* es mit diesem Prozeß auf sich hat, habe ich bereits beschrieben; lassen Sie uns nun untersuchen, *wie* er vor sich geht.

In unserem System herrscht der Glaube vor, wir könnten Kontrolle ausüben: über uns, andere Menschen, Systeme, Länder und sogar über das All. Wir wenden viel Zeit, Energie und Geld auf, um dieser Illusion gerecht zu werden. Hinterher müssen wir jedoch den gleichen Aufwand betreiben, um das daraus resultierende Chaos zu ordnen. Das ständige Bemühen, unsere Gefühle und Emotionen unter Kontrolle zu haben, setzt unseren Körper dermaßen unter Streß, daß wir schließlich die verschiedensten Krankheiten entwickeln: Bluthochdruck, Krebs, Kolitis, Herzattacken und Schlaganfälle. Unsere beständigen Versuche, jeden Menschen in unserer Umgebung zu kontrollieren, enden mit dem Scheitern unserer Beziehungen. Die raffinierten und todbringenden Verteidigungssysteme, die wir zum Zweck der Kontrolle gegenüber anderen Nationen entwickelt haben, führen uns permanent an den Rand einer Katastrophe.

Daß es unmöglich ist, eine derartige Kontrolle auszuüben, über dieses Wissen verfügen nur Personen und Systeme, die ihrem Prozeß folgen und ihr Leben nach ihm gestalten. Solche Personen, solche Systeme unternehmen erst gar keine Kontrollversuche. Sie betrachten sie als das, was sie sind: Illusion.

Der Prozeß des Fremdbestimmtseins

Grundlegend für den Prozeß der Selbstdefinition im Suchtsystem ist der Prozeß des Fremdbestimmtseins oder der Außenorientierung.

Dieser Prozeß bringt uns dazu, unser Selbstbild durch äußere, fremde Faktoren und Personen zu bestimmen. So kann eine Frau, die ihr Frausein als Makel empfindet, keine eigene Identität finden. Vielmehr muß sie nach Anerkennung und Bestätigung von außerhalb suchen, und normalerweise versucht sie dies bei einem Mann. In diesem System wird das Selbst von außen festgelegt. Wir sind das, wofür unsere Familien, Schulen, Kirchen und die verschiedenartigsten Einrichtungen uns halten.

Erfolge beurteilen wir nicht nach der Bedeutung, die sie für uns haben, sondern danach, wie andere Menschen sie einschätzen. Wir haben gelernt, das Bewußtsein für unsere innere Stimme, die uns Gefühle und Gedanken vermittelt, auszuschalten. In bestimmten Situationen verhalten wir uns so, wie »man es von uns erwartet«.

Aber wir suchen nicht lediglich Informationen und Feedback bei den Menschen in unserem Umkreis; darüber hinaus überlassen wir ihnen die Entscheidung darüber, wer wir eigentlich sind. Unser Bezugspunkt liegt außerhalb von uns selbst.

Vor kurzem begleitete mich eine Freundin auf eine Konferenz. An den meisten Veranstaltungen nahm sie jedoch nicht teil, auch nicht an jener, bei der ich als Referentin auftrat. Obwohl sie das Thema interessierte, hatte sie beschlossen, daß ihr momentan Alleinsein, Ruhe und ein Spaziergang am Strand besser bekämen. Hinterher erzählte sie mir, dies sei eine lohnende Erfahrung für sie gewesen. Früher hätte ihr die Entscheidung, die Veranstaltungen nicht zu besuchen und nicht Teil einer Gruppe zu sein, große Schwierigkeiten bereitet und Gefühle des Vernachlässigtwerdens und Ausgeschlossenseins entstehen lassen. Ihr Bezugspunkt hätte außerhalb gelegen. Bei dieser Gelegenheit dagegen hatte sie exakt das getan, was *sie* wollte. Sie war ihrem Inneren gefolgt.

Mein Sohn Roddy ging zum erstenmal in eine öffentliche Schule, als er in die vierte Klasse kam; bis dahin hatte er eine alternative Schule besucht. Eines Tages kam er nach Hause und wollte wissen, wie man eine Bleivergiftung bekäme. Natürlich fragte ich ihn, wozu er das wissen müsse. Er sei heute, erklärte er, im Turnunterricht bestraft worden. Man hatte ihn gezwungen, mit dem Gesicht zur Wand zu stehen und dabei seinen Kopf in einen Ring zu halten. Er fürchtete, der Ring sei aus Blei gewesen und habe ihn vergiftet.

Mir schien dies eine übertrieben harte Bestrafung, insbesondere für ein Kind, bei dem meist ein Wort, ein Blick genügen. Also begab ich mich in die Schule.

Roddy hatte, wie ich erfahren mußte, ein »Problem«; er paßte nicht in die Reglementierungsmaßnahmen seiner Klasse. (Aufgrund seines früheren Besuchs einer freien Schule vertrat er die irrige Ansicht, Turnen und Sport müßten Spaß bringen, sollten den Körper trainieren und lockern.) Der Turnunterricht in der Grundschule aber ist eine der ersten Gelegenheiten, in der Kinder lernen, sich in eine militärische Gesellschaft einzupassen. Dies ist meine feste Überzeugung, und genau das sagte ich dem Direktor. Zudem sei unsere Familie gegen jegliche Gewalt, erklärte ich ihm weiter und befürworte den Ansatz einer gewaltlosen, nicht-militärischen Erziehung.

Der Direktor war ziemlich verwirrt und sagte, er wisse nicht, ob er mich richtig verstünde. »Ich würde Ihnen vorschlagen«, meinte er, »daß Sie Ihrem Sohn beibringen, sich zu arrangieren, auch wenn es ihm schwerfällt. Hinterher können Sie es immer noch in Frage stellen.«

Voller Empörung entgegnete ich ihm: »Ich denke nicht daran!« Schließlich beabsichtigte ich nicht, meinen Sohn so weit von seinen Moralvorstellungen abzubringen, daß er sich eines Tages an einem Massaker wie dem in My Lai während des Vietnamkriegs beteiligen könnte. Der Direktor dagegen erwartete, daß ich meinen Sohn auf äußere Bezugspunkte umpolen und ihn zur Aufgabe seiner eigenen, inneren bringen sollte.

Natürlich sollten und können wir *keinen von beiden* ignorieren, weder äußere noch innere Bezugspunkte. Es gibt immer wieder Situationen, in denen wir auf Äußerliches Bezug nehmen müssen. Wird dies aber zur einzigen und ausschließlichen Quelle, aus der wir unser Selbstbild schöpfen, kommen wir in Schwierigkeiten. Beispielsweise ist es unerläßlich für mich, Informationen aus meiner Umgebung aufzunehmen. Dennoch kann ich meine Aktivitäten nicht vollkommen durch sie bestimmen lassen. Wir brauchen beides, kein Entweder-Oder. Nur sind wir unglücklicherweise dermaßen gründlich auf den Prozeß des Fremdbestimmtseins, der Außenorientierung fixiert, daß wir uns der Existenz eines inneren Prozesses gar nicht mehr bewußt sind.

Einer meiner Freunde ist Experte in alternativer Erziehung, einer Pädagogik, die sich an dem jeweiligen individuellen Leistungsvermögen und Kenntnisstand orientiert. Er versteht sich selbst als Rebell, als jemand, der gegen das System ist. Doch mit diesem Selbstverständnis setzt er sich in Bezug zu dem System und definiert sich durch es.

Eigentlich ist er kein Rebell. Vielmehr tut er etwas, das sich vom übrigen als neu und unterschiedlich abhebt.[2] Er tanzt nach seiner eigenen Musik und tut, was er für richtig hält. Er versucht, einen erzieherischen Prozeß zu entwickeln, der die Sprache des Innern fördert *und* trotzdem äußere Einflüsse berücksichtigt.

Versuchen Sie sich einmal den engen Zusammenhang zwischen dem Prozeß des Fremdbestimmtseins und der Selbstbezogenheit, einem Merkmal des Suchtsystems, vorzustellen. Selbstbezogene Menschen kennen keine Grenzen zwischen ihrem Selbst und dem der anderen. Infolgedessen vermögen sie auch keinen Unterschied zwischen äußeren und inneren Bezugspunkten zu sehen. Und so vermischen beide sich zu ein und demselben. Als Folge verlieren sie beides, sich selbst und andere Menschen.

Der Prozeß, etwas außer Kraft zu setzen

Das Männliche System beziehungsweise Suchtsystem setzt sich selbst als Realität, daher ist alles von ihm Abweichende unwirklich. Es bestimmt sich durch äußere Bezugspunkte, daher sind die inneren unwirklich und nicht-existent. Alles, was sich dem Wissen, Verständnis, der Meßbarkeit und damit der Kontrolle dieses Systems entzieht, wird durch den äußerst machtvollen Prozeß der Außerkraftsetzung ausgelöscht, so daß umfangreiche Erkenntnis- und Wissensbereiche verlorengehen. *Wir sind es selbst, die dem System die Macht verleihen, Wissen in Nicht-Wissen zu verkehren.*

Fast alle Frauen haben eine gemeinsame Erfahrung gemacht: Sie befinden sich in einer Gruppe von Männern, sagen etwas wirklich Schlüssiges, erhalten keinerlei Zustimmung, um nur wenige Minuten später zu erleben, wie ein Mann haargenau dasselbe von sich gibt und sofort begeisterte Anerkennung findet. Natürlich fragt sich die Frau (die hierdurch erst einmal ins Unsichtbare und Nicht-Existente gedrängt worden ist), ob sie einen Fehler begangen hat, ob etwas an ihr nicht stimmt. Jedenfalls sagt sie von diesem Punkt an wenig oder gar nichts mehr (vielleicht ist dies die gewünschte erhoffte Reaktion).

Der *Prozeß*, eine Person, eine Idee oder eine Wahrnehmung außer Kraft zu setzen, ist einer der wirkungsvollsten Prozesse, die das Suchtsystem im Gange halten; aus diesem Grund ist es wichtig, daß wir ihn verstehen. Eine der Hauptfunktionen jeder Sucht liegt darin, uns und unsere Prozesse zu verbergen – vor uns selbst und vor anderen Menschen. Da sich das Selbst und seine Prozesse einer Meßbarkeit und Kontrolle nahezu vollständig entziehen, müssen sie per Definition ins Nicht-Existente verlegt werden.

Genau das ist mit einer Reihe von Wissens- und Informationsgebieten geschehen, da das Suchtsystem sie weder verstehen, kontrollieren noch messen kann. Hierzu zählt auch jenes »extravagante Leben«, das – wie ich an früherer Stelle erwähnte – einfach lebendig sein bedeutet. Solche Menschen sind jedoch nicht so leicht zu kontrollieren. Sie neigen dazu, eigenen Gedanken und Gefühlen zu folgen. Bei ihnen steht wirkliche Lebensqualität, und zwar ihre eigene wie die ihrer Mitmenschen, mit an erster Stelle. Versucht ein System auch nur ansatzweise, solche Menschen zu kontrollieren, müßte es darauf hinarbeiten, daß sie auf irgendeine Art süchtig werden.

Das Suchtsystem kommt derartigen Problemen zuvor, indem es sie eher für nicht-existent erklärt als zuzugeben, es ignoriere bestimmte Gebiete, die außerhalb seines Wissens- und Verständnishorizontes liegen. Dennoch haben sich verschiedene Bürgerrechtsbewegungen – um nur ein Beispiel zu nennen – geweigert, ihre Ziele aufzugeben, und diese Weigerung hat sich als großes Ärgernis erwiesen. Seitdem Minderheitengruppen vermehrt aufgetreten und lautstark zu vernehmen sind, ist es nahezu unmöglich geworden, sie für nicht-existent oder unbedeutend zu erklären. Gleichzeitig zeigen die meisten dieser Gruppen immer weniger Bereitschaft, ihre Nichtigkeitserklärung hinzunehmen, da sie ihre Identität gefunden, ihre Berechtigung gewonnen haben, und zwar aus ihren eigenen Aktivitäten, ihren inneren Bezugspunkten.

Vielleicht erinnern Sie sich an eine weitere Form des Für-nichtig-Erklärens, die bereits in einem früheren Kapitel erwähnt wurde: der Prozeß, die unbedeutendste Kleinigkeit in einer Aussage zu widerlegen und hiermit *alles* abzutun, was jemals geäußert wird.

Diffamierung und das Konstruieren von persönlichen Konflikten
scheinen auf den ersten Blick zwei unterschiedliche Prozesse darzustellen. Aber das stimmt nicht, beide haben die gleichen Auswirkungen.

Im Jahr 1970 fand in der Zeitschrift ›Ms.‹ eine kluge Diskussion zu
diesem Thema und seiner Bedeutung statt.[3] Bei Diffamierung handelt
es sich im wesentlichen um einen Prozeß, der gegen eine Person verwendet wird, um ihre Glaubwürdigkeit in Frage zu stellen. Gelingt
dies, nimmt es dieser Person jedes Ansehen, läßt sie machtlos werden
und vermag deren Einfluß innerhalb einer Gruppe vollkommen zu
schwächen. Vielleicht erinnern sich manche unter Ihnen daran, daß gerade Frauen es waren, die dieses Mittel in den siebziger Jahren recht
wirksam gegen ihre Geschlechtsgenossinnen einsetzten.

Merkwürdigerweise wird die Weltanschauung einer Person, die das
Ziel der Diffamierung ist, niemals in Frage gestellt. Vielmehr konzentrieren sich diejenigen, die den Mist verbreiten, auf persönliche Verleumdung. Menschen, die auf diese Weise ins Gerede kommen, werden
der Unmoral, der Unehrlichkeit und der Machtgier beschuldigt, und alles, was sie sagen, wird auf der Basis dieser ihnen unterstellten »Charakterschwäche« entwertet. In diesem Zusammenhang spielt Projektion
oft eine große Rolle. Beispielsweise stellt sich nur allzu häufig heraus,
daß Menschen, die andere der Machtgier bezichtigen, selbst eifrigst
nach Macht streben.

Allerdings beschränkt sich dieser Prozeß nicht nur auf die Person,
die fertiggemacht werden soll. Zusätzlich wird versucht, jedes Gruppenmitglied zu isolieren, das jemals mit der verleumdeten Person in Beziehung stand. Allmählich wird der Umgang mit dieser Person zu aufwendig. Und letztendlich erfordern das Kontakt-Halten mit der (oder
dem) Verleumdeten sowie der gleichzeitige Verbleib in der Gruppe dermaßen viel Energieaufwand, daß man schließlich auf den Umgang mit
dieser Person verzichtet.

Selbstverständlich existiert dabei kaum ein Zusammenhang zwischen der Aussagekraft der Behauptungen und der Persönlichkeit der
betreffenden, ins Gerede gekommenen Person. Das Ziel besteht darin,
jemanden auszuschalten, ihn zum Nichts zu erklären.

Das gleiche geschieht, wenn »Persönlichkeitskonflikte« bewußt konstruiert werden. Vor mehreren Jahren beriet ich eine Gruppe im
Hinblick auf ihre personelle Zusammenarbeit. Nachdem ich die Belegschaft in den verschiedenen Situationen bei der Arbeit beobachtet hatte, wurde offensichtlich, daß eine Frau einen ernsthaften, anhaltenden

»trockenen Rausch« hatte. Eine ganze Reihe von typischen Merkmalen des Alkoholikers waren bei ihr zu erkennen. Sie war die Ursache für viele unbegründete Gerüchte innerhalb des Betriebs; sie hatte neben ihrer eigentlichen Arbeit noch verschiedene andere Jobs, und ihre Kollegen wußten eigentlich nie, wo sie sich gerade aufhielt oder was sie gerade erledigte. Infolgedessen herrschten in der Belegschaft Verwirrung und Ineffektivität vor, und sie war der Brennpunkt dieser Konfusion.

Allerdings trug auch die Belegschaft ihren Teil zum Verhalten der Kollegin bei, indem sie es vorzog, darüber hinwegzusehen. Dieses Problem brachte ich während meiner Beratung zur Sprache; schließlich war es meine Aufgabe herauszufinden, warum dieser Betrieb nicht gut funktionierte.

Bald waren Gerüchte im Umlauf, diese Frau und ich hätten einen »persönlichen Konflikt«. Das verblüffte mich. Bisher hatten wir beide ja kaum miteinander zu tun gehabt, wie sollte da ein persönlicher Konflikt entstehen? Sie war mir nicht unsympathisch, und in Wirklichkeit lag mir ausschließlich daran, daß sie die für sie notwendige therapeutische Behandlung bekäme. Danach, so hoffte ich, könnte die Belegschaft effektiv arbeiten, das hieß, den Kunden dieses Betriebes den bestmöglichen Service zu bieten. Die Frau aber hatte das Gerücht eines »Persönlichkeitskonfliktes« verbreitet, mit dem Ziel, meine Beobachtungen über sie als zweifelhaft erscheinen zu lassen. Sobald wir nämlich Probleme miteinander hätten, lautete ihre Vermutung, könnten auch meine Feststellungen nicht als »objektiv« gelten; und dann seien sie untauglich.

Ähnliches passierte vor kurzem einer Bekannten. Sie hatte ein Buch über geistig-seelische Gesundheit geschrieben, in dem sie einige der in diesem Bereich vorherrschenden Ansichten kritisierte. Ihre Thesen waren äußerst umstritten. Ein Kollege von mir gab das Buch an einen Suchtberater weiter, der offenbar eine harsche, persönliche Kritik übte. Er sagte nicht etwa: »Ich mag dieses Buch nicht« oder »Ich bin ganz anderer Meinung«. Geschweige denn: »Diese Ideen machen mir Angst.« Im Gegenteil, seine spontane Reaktion bestand darin, die Autorin zu diskreditieren, indem er sie als hysterisches Weib bezeichnete.

Genau dieses Nicht-Beherzigen der eigenen Reaktionen und Gefühle – ihre Projektion auf eine andere Person, mit dem Ziel, eine Sache in Verruf zu bringen, die einen selbst bedroht oder eine Veränderung erfordern würde –, indem man den Sender einer Botschaft diskreditiert, ist Teil dieser im Suchtsystem verbreiteten Technik.

Diffamierung verfolgt ebenso wie das Konstruieren eines persönlichen Konfliktes vor allem einen Hauptzweck: die Aussagen, die Leistungen, das, was von einer bestimmten Person ausgeht, abzutun und für ungültig zu erklären. Ironischerweise verläuft die Intensität jedes dieser Prozesse direkt proportional zur Furcht der Person, die sie in Gang setzt, und auch direkt proportional zum Wahrheitsgehalt – folglich auch zur Tragweite – jener Information, die abgetan und für ungültig erklärt wird. Von Leuten, die sich mit der Behandlung von Süchten befassen, wird dieses Verhalten als »sein Revier schützen« bezeichnet.

Der Prozeß des Dualismus

Als letzten Prozeß möchte ich Ihnen den Prozeß des Dualismus erläutern. Wenn es überhaupt einen Prozeß gibt, der sämtlichen Charakteristika und Prozessen des Suchtsystems zugrunde liegt, dann vermutlich dieser. Aus der dualistischen Denkweise gehen nahezu alle bisher beschriebenen Merkmale des Systems, alle soeben dargestellten Prozesse hervor.

Die meisten von uns sind im dualistischen Denken gut geschult. Unsere Erziehung läuft auf das Entweder-Oder-Prinzip hinaus – entweder dies oder das, richtig oder falsch, innen oder außen, an oder aus, schwarz oder weiß, gut oder schlecht, es läßt sich *ad infinitum* fortsetzen. Dieses Denken erfüllt in diesem System meines Erachtens viele Funktionen. Die wichtigste besteht darin, eine äußerst komplexe Welt grob zu vereinfachen und uns so die Illusion zu vermitteln, wir hätten die Kontrolle über etwas, was in Wirklichkeit ein sich ständig prozeßhaft entwickelndes Universum ist. Wenn wir uns der Vorstellung hingeben, wir könnten ein komplexes, facettenreiches Gebilde in zwei klare Dimensionen teilen, schüren wir damit unsere Kontrollillusion.

Dieser Prozeß schafft Situationen, die dazu führen, daß immer eine Seite als falsch bezeichnet, sobald die andere als wahr und richtig beurteilt wird. Es ähnelt dieser Mutter-Sohn-Geschichte, in der der Sohn sagt: »Ich möchte das blaue Hemd.« Und die Mutter antwortet: »Was ist los, gefällt dir das rote etwa nicht?« Haben wir einmal etwas als *richtig* befunden, muß das Gegenteil falsch sein – das bedeutet dualistisches Denken. Die Welt wird als ein Paar von Gegensätzen aufgefaßt. Daß beide »Gegenstücke« durchaus richtig sein können oder daß möglicherweise neben den beiden weitere Alternativen bestehen, diese Erkenntnis wird bestritten. Im Grunde genommen hält uns der Prozeß des Dualismus davon ab, Alternativen zu entwickeln oder auch nur zu berücksichtigen. Setzen sich beispielsweise weiße Frauen für ihre Befreiung ein, dann müssen sie zwangsläufig *gegen* die Befreiung farbiger

Frauen sein – auf diese Weise wurde der Dualismus verwendet, um die Frauenbewegung zu spalten und uns voneinander zu trennen. Oder um ein weiteres Beispiel zu nennen – sobald jemand gegen die Politik der Regierung seines Landes ist, wird gefolgert, er unterstütze die des Feindes. Im Dualismus ist kein Raum für Gedanken, die unsere Auffassung als falsch erscheinen lassen *und* die der anderen ebenfalls. Folglich werden unsere Meinungen durch diesen Prozeß unterdrückt.

Doch wie wir gleich sehen werden, findet dieser Prozeß auf ganz unterschiedlichen Ebenen Anwendung.

Dualistisches Denken zwängt uns in Situationen, in denen wir glauben, es stünden nur zwei Möglichkeiten zur Wahl, auch wenn (und dies ist oft der Fall) eigentlich keine von beiden annehmbar ist. Auf diese Weise verhindert dieser Prozeß unsere persönliche Entwicklung und unterstützt unsere Illusion, Stabilität sei möglich, ja sogar wünschenswert.

Beispielsweise erlebe ich in meiner Praxis häufig, wie Frauen sagen: »Soll ich meinen Mann verlassen, oder soll ich bei ihm bleiben?« Normalerweise ist zu diesem Zeitpunkt keine der beiden Alternativen empfehlenswert, und das unschlüssige Hin- und Herschwanken dieser Frauen bewirkt, daß sie in ihrer ungesunden Situation verharren und nicht in der Lage sind, überhaupt eine Entscheidung zu treffen oder andere Wahlmöglichkeiten in Betracht zu ziehen. Meistens fordere ich sie auf, mehrere Alternativen aufzuzählen – irgendeine ungerade Anzahl wie drei, fünf, sieben oder neun. Sobald sie dann erkannt haben, daß real nicht nur zwei Möglichkeiten zur Wahl stehen, finden sie plötzlich Wege, sich ihrer Situation zu stellen, mit ihr umzugehen, sie durchzustehen (und, manchmal auch, sie zu beenden).

Verwirrung und Unentschlossenheit sind weitere Folgen dualistischen Denkens. Wir glauben, die Wahl zwischen zwei gleichermaßen unerwünschten Gegensätzen treffen zu *müssen* – dem unbequemen Felsblock oder dem harten Boden, der glühenden Pfanne oder dem offenen Feuer.

Natürlich bleibt das dualistische Denken auch auf der gesellschaftlichen Ebene nicht folgenlos. Entweder man ist Demokrat oder Republikaner, Christ oder Nicht-Christ, Gläubiger oder Ungläubiger, politisch auf dem richtigen Kurs oder auf dem falschen. Eine Freundin von mir ist Nonne. Irgendwann entschloß sie sich, mit uns zu leben. Mir bereitete das einiges Kopfzerbrechen, da ich nicht wußte, welche Erwartungen sie an mich stellte, und da ich als Protestantin erzogen worden war. »Meine Liebe«, bemerkte sie scherzhaft, »es gibt keine Protestanten. Es gibt die Katholiken, und es gibt die Nicht-Katholiken.« Auch diese Art der Selbstbezogenheit ist eine Folge dualistischen Denkens. Alle Formen des Dualismus verwirren uns, verstricken uns in das System und verhindern erfolgreich Veränderung und Entwicklung.

Im Lebensprozesse-System spielen solche eingeschränkten Wahlmöglichkeiten und Situationen keine Rolle, sie existieren einfach nicht, da Entscheidungen im Einklang mit dem inneren Prozeß, der persönlichen Spiritualität des einzelnen getroffen werden.

Die Baustein-Theorie

Als mir vor einigen Jahren klar wurde, wie sehr wir unter dem Einfluß des dualistischen Denkens stehen, entwickelte ich meine sogenannte Baustein-Theorie. Im Laufe der Zeit hat sie sich als ein wirklich schönes Stenogramm erwiesen, als ein Minimodell, das voller Anregungen und Nutzen für meine Arbeit steckte. Sie funktioniert ganz einfach: Stellen Sie sich einen Baustein vor. (Sie kennen diese rechteckigen Holzklötze, mit denen Sie in Ihrer Kindheit Holzhäuschen gebaut haben.) Nur verlegen Sie eine Seite Ihres Dualismus an das eine Ende des Bauklotzes, die andere Seite an das gegenüberliegende Ende.

Fast alle Probleme der bei mir in Therapie befindlichen Klienten traten paarweise auf – in Dualismen. Machtlosigkeit und Kontrolle waren der erste Dualismus, den ich bei meiner Arbeit mit Frauen entdeckte. Sie versuchten, ihr kontrollierendes Verhalten aufzugeben, und waren dazu nicht in der Lage. Sie versuchten, ebenso erfolglos, ihre Machtlosigkeit loszuwerden. Daraufhin wurde mir klar, daß beide – Machtlosigkeit und Kontrolle – einen Baustein darstellen. Sie gehören zusammen.

Solange wir nicht die Bereitschaft aufbringen, unser Gefühl der Machtlosigkeit zu bekämpfen, wird es nicht möglich sein, den Umgang mit unseren Kontrollproblemen in den Griff zu bekommen. Da Frauen jedoch auf solche Machtlosigkeitsgefühle programmiert werden, bereitet ihnen genau das beträchtliche Schwierigkeiten. Es scheint nahezu unmöglich, jemals anders zu empfinden, doch solange wir uns nicht zu unserer persönlichen Kraft bekennen und sie wahrnehmen, werden wir niemals von dem Bedürfnis loskommen, unsere Umwelt zu kontrollieren.

Einen weiteren Dualismus entdeckte ich bei Frauen, die in ihrer Kindheit Opfer eines Inzests waren. Sie kennen häufig nur zwei Methoden, nach denen sie ihre Beziehungen zu Männern gestalten: Entweder sie meiden Männer vollkommen, oder sie verführen sie. Sie scheinen von einem Ende des Bausteins zum anderen zu fliehen, wobei sie auf beiden Seiten unter Garantie keine Nähe finden. Bleiben solche Frauen auf diesem Baustein, werden sie niemals eine echte Beziehung zu Männern entwickeln können. Sie müssen diesen Dualismus vollkommen aufgeben, beide Verhaltensweisen ablegen und statt dessen damit beginnen, aus einem anderen System heraus zu operieren, damit sie als ganzheitliche Menschen überhaupt die Gelegenheit bekommen, Nähe und Intimität herzustellen. Die Lösung besteht nicht darin, ihr verführerisches Wesen aufzugeben oder aber jeglicher Beziehung mit einem Mann aus dem Weg zu gehen. Beides muß geschehen. Stellen Sie sich die Kurzstrecke einer Eisenbahn vor – auch das hilft Ihnen, dieses Konzept zu verstehen. Im Grunde genommen haben die Züge auf dieser Pendelstrecke kein Ziel. Sie fahren hin und her, zwischen zwei Punkten, von einem Ende zum anderen, immer und immer wieder.

Oder denken Sie an eine Wippe. Auf dem einen Ende sitzt ein Teil des Dualismus, gegenüber der andere. Meine Klientinnen wippten von ihren Machtlosigkeitsgefühlen zu ihren Kontrollwünschen und kehrten von dort zu ihrer Machtlosigkeit zurück, auf und nieder. Sie fühlten sich außerstande, die Schaukel zu verlassen (oder die Kurzzüge oder die Bausteine).

Allmählich begann ich mir vorzustellen, daß unser Kopf einen kompletten Setzkasten aus Bausteinen enthält: Einer sitzt ordentlich auf dem nächsten, und sobald ein Teil – ähnlich einem Kartenhaus – entfernt wird, gerät die gesamte Struktur durcheinander. Lange Zeit phantasierte ich über Möglichkeiten, wie eine irgendwie geartete Baustein-Psychochirurgie aussehen könnte, durch die die gesamte Struktur aus unserem Gehirn entfernt werden könnte und wir endlich in die Lage versetzt wären, unser Denken, unsere Wahrnehmung und unsere Aktivitäten neu und anders zu orientieren. Bis heute allerdings konnte ich diese »chirurgische Technik« noch nicht ausarbeiten.

Aber Machtlosigkeit-und-Kontrolle war lediglich ein Baustein. In den darauffolgenden Jahren entdeckte ich noch eine Reihe weiterer Dualismen, die ich Ihnen in den folgenden Abschnitten erläutern möchte.

Angst und Kontrolle/Abhängigkeit und Kontrolle

Angst und Kontrolle sind ebenfalls Teile dieses Baukastens. Wir können unmöglich auf unser Kontrollbedürfnis (Illusion der Kontrolle) verzichten, solange wir nicht unsere Angst aufgeben; umgekehrt können wir nicht auf Angst verzichten, wenn wir nicht gleichzeitig unsere Kontrollversuche einstellen. Beide sind unauflöslich miteinander verbunden. Stecken wir voller Angst, dann versuchen wir, Kontrolle auszuüben. Versuchen wir, Kontrolle auszuüben, und scheitern (unvermeidlich), dann wird unsere Angst noch größer.

Abhängigkeit und Kontrolle bilden den nächsten Baustein. Wir werden niemals zu uns selbst finden, wenn wir nicht unser Kontrollbedürfnis aufgeben; das wiederum können wir nicht, wenn unser Überleben unmittelbar von einem Menschen oder einer Sache abhängt. Abhängigkeit zwingt uns geradezu, Kontrolle auszuüben, weil wir unser Überleben nicht selbst absichern können. Nur indem wir Menschen, Situationen, Dinge kontrollieren, glauben wir, das zu bekommen, was wir brauchen.

Oft wird dieser Dualismus besonders deutlich, wenn ein Paar seine Scheidung einleitet. Selbstverständlich bedeutet das für beide Partner eine schreckliche Zeit. Ihr Leben ändert sich radikal. Doch anstatt die Angstgefühle als normal hinzunehmen, sie gutzuheißen, sie durchzustehen, egal, welche Mühe das auch kosten mag, versuchen die beiden in zunehmendem Maße, sich selbst, ihre Rechtsanwälte sowie ihre künftigen Ex-Partner in den Griff zu bekommen. Angst und Kontrolle gehören zusammen; erst wenn wir ihre Beziehung verstehen, haben wir die Möglichkeit, zwischen verschiedenen Alternativen zu wählen.

Selbstbezogenheit

Eines der Hauptkennzeichen des Suchtsystems ist – wie ich bereits an früherer Stelle dargestellt habe – die Selbstbezogenheit. Es gibt eine ganze Reihe von Bausteinen, bei denen ein Ende von ihr besetzt ist.

Nehmen wir als ersten *Selbstbezogenheit und Nicht-Existenz*. Wie bereits bemerkt, ist das Fehlen jeglicher Grenzen zwischen dem Selbst und den anderen ein Merkmal der Selbstbezogenheit. Alles wird zum MICH. Alles widerfährt MIR. Alles ist für oder gegen MICH (ein Dualismus?). Damit geht das Gefühl einher, wir existierten gar nicht, wir wären nicht real. Selbstbezogenheit stellt den Versuch dar, genau dieses Gefühl zu bewältigen. Und auch hier gilt: Es reicht nicht aus, nur eines aufzugeben, die Selbstbezogenheit oder das Gefühl des Nicht-Existierens. Vor kurzem sagte eine meiner Klientinnen: »Sobald ich selbstbezogen bin, habe ich keinerlei Bezug zu meinem Inneren.« Das kann mir merkwürdig vor, denn im Grunde bedeutet Selbstbezogenheit doch eine *Über*beschäftigung mit dem Selbst. Aber sie hatte recht! Selbstbezogenheit hat – nach dem Verständnis des Suchtsystems – nichts mit einem Bewußtsein für das wahre Selbst zu tun. Wer die eigenen Grenzen und die anderer Menschen nicht erkennt, verfügt über kein wahres Selbst. Deshalb muß sowohl die Selbstbezogenheit als auch die Nicht-Existenz aufgegeben werden. Vielleicht sehen Sie bereits jetzt, wie heikel diese Bausteine sind!

Selbstbezogenheit und Respektlosigkeit treten ebenfalls stets gemeinsam auf. Wenn wir ausschließlich auf unsere Person fixiert sind, nur im Hinblick auf uns die Umwelt bestimmen, wenn wir alle Aktivitäten in Bezug zu uns setzen, verhalten wir uns im Grunde genommen vollkommen respektlos anderen gegenüber. Wenn wir unsere Selbstbezogenheit nicht aufgeben, werden wir einem anderen Menschen niemals Achtung entgegenbringen können. Andererseits aber werden wir unsere Selbstbezogenheit nicht aufgeben können, wenn wir nicht lernen, unsere Grenzen zu sehen, genau wie die unserer Mitmenschen, wenn wir nicht erkennen, daß wir uns von ihnen unterscheiden. Erst wenn wir über diese Fähigkeit verfügen, sehen wir uns als eigenständige Menschen, die sich selbst und andere Personen respektieren können. Doch solange wir in unserer Selbstbezogenheit verharren, werden wir nie frei von Respektlosigkeit sein.

Der dritte Baustein wird von *Selbstbezogenheit und Selbstverneinung* besetzt. Wenn wir uns weigern, Botschaften und Informationen aus unserem Inneren anzunehmen, nicht auf sie hören, laufen wir Gefahr, uns der Selbstbezogenheit zu überlassen. Um uns selbst überhaupt noch wahrzunehmen, müssen wir uns in verstärktem Maße auf uns selber konzentrieren. Aus diesem Grund wird es uns nicht gelingen, die Selbstbezogenheit aufzugeben, ohne gleichzeitig das ständige Ignorieren unseres Selbst abzulegen. Umgekehrt werden wir niemals aufhören können, uns selbst zu ignorieren, solange wir uns weiterhin als Mittelpunkt der Welt begreifen, um den sich alles dreht, nach dem alles bestimmt wird. Oft erfüllt dieser Baustein eine bedeutende Funktion bei Menschen, die ihre Persönlichkeit zugunsten einer Religion verleugnen. Sie geben vor, »selbstlos« zu handeln, ausschließlich an das Wohl anderer zu denken, und dennoch funktionieren sie in einer äußerst selbstbezogenen Weise, die Personen in ihrem Umkreis geraten vollkommen in Vergessenheit. Oft glauben solche Menschen, sie bräuchten vorhandene, gesellschaftliche Regeln nicht zu befolgen, seien von ihnen ausgenommen, da sie ja schließlich im Dienst an der Menschheit aufgingen. Dieser Baustein ist wichtig, wirkt sich aber gleichzeitig nur äußerst subtil aus.

Selbstbezogenheit und Schuldgefühle gehören ebenfalls in unseren Baukasten. Schuld oder Schuldgefühle an sich sind auffallend selbstbezogene Aktivitäten. Ständig heißt es: »Wehe mir.« – »Oh, mein Gott, was habe ich bloß angerichtet?« – »Ich habe ein schlechtes Gewissen.« – »Ich, ich, ich …« Menschen, die auf ihre Schuldgefühle fixiert sind, haben jegliches Gespür für ihre Mitmenschen verloren. Da sie stets der Meinung sind, die Welt drehe sich ausschließlich um sie, können sie sich auch ihrer Schuld nicht entledigen. Und umgekehrt werden sie nicht in der Lage sein, diesen Glauben, alles drehe sich um sie, aufzugeben, solange sie nicht ihr Schuldbewußtsein fallenlassen.

Selbstbezogenheit und Scham stellen den letzten Baustein dieser Reihe dar. Schamgefühle haben – genau wie Schuldgefühle – sehr selbstbezogene Motive. Wir schämen uns, weil wir der Ansicht sind, daß Menschen und Ereignisse in Abhängigkeit von uns, in Bezug zu uns stehen, und wir bestimmte Erwartungen oder Anforderungen nicht erfüllt haben. Deshalb müssen wir auch diese beiden – Selbstbezogenheit und Scham – gleichzeitig aufgeben. Beide fördern sich gegenseitig. Meines Erachtens werden Menschen ohne selbstbezogene Verhaltensmuster auch nicht von Schamgefühlen geplagt.

Scham

Schamgefühle teilen sich nicht nur einen Baustein mit Selbstbezogenheit, sondern auch mit Perfektionismus. Beide sind unentwirrbar miteinander verknüpft. Würden wir nicht dem irrigen Glauben hinterherjagen, wir könnten perfekt sein (im Sinne des Suchtsystems), bräuchten wir uns nicht unserer Persönlichkeit oder unseres Status zu schämen. Doch genau das tun wir, da wir unaufhörlich und vergeblich Perfektionismus anstreben, anstatt hinzunehmen, daß wir eben nicht perfekt sind, und daraus Konsequenzen zu ziehen. Wenn wir glauben, wir könnten gottähnlich sein – und darin liegt der Kern der Selbstbezogenheit –, müssen wir uns zwangsläufig unserer Menschlichkeit schämen. Würden wir das Streben nach Perfektion aufgeben, bräuchten wir uns nicht mehr unserer selbst zu schämen.

Habgier

Auf meiner Suche nach weiteren Bausteinen machte ich eine merkwürdige, aber zutreffende Entdeckung: Diese Bausteine stehen in engem Zusammenhang mit den »sieben Todsünden«! So stellt etwa Habgier ein Merkmal des Suchtsystems dar, das gleichzeitig mehrere Baustein-Partner besitzt. *Habgier* bildet *mit dem Mangelmodell* eine Partnerschaft. Habgier wurzelt in der Überzeugung, es gebe nicht genug, daß es für alle ausreicht. Gierig werden wir, wenn wir glauben, uns um Dinge schlagen zu müssen. Doch je mehr wir unserer Habsucht nachgeben, desto stärker wird die Überzeugung, es sei nicht genug vorhanden. Es ist sinnlos, in unserer Gier nachzulassen, ohne gleichzeitig unser Festhalten am Mangelmodell aufgeben und umgekehrt.

Die zweite Partnerschaft besteht zwischen *Gier und Geiz*. Wenn wir habsüchtig sind, neigen wir dazu, mit anderen zu knausern (mit uns selbst am allermeisten). Sind wir geizig, haben wir auch die Tendenz, uns anderen gegenüber gierig zu verhalten (uns selbst nicht ausgeschlossen). Oft ist diese Geiz-Gier-Partnerschaft innerhalb der Kirche oder in Organisationen zu beobachten, deren Leitlinien sich nicht an einem Überflußmodell orientieren. Geht eine Organisation beispielsweise mit den ihr zur Verfügung stehenden Mitteln knausrig um, wird sie immer darauf bedacht sein, ihren Vorrat aufzustocken. Geiz verschwindet nicht, solange die Gier am anderen Ende lauert und umgekehrt.

Das dritte Paar dieser Reihe bilden *Habgier und Selbstverleugnung*. Vor kurzem mußte eine meiner Kolleginnen erfahren, wie sich beide gegenseitig bedingen. Sie nahm an einem Workshop teil und hatte sich eine Zeitlang freigenommen, um Brombeeren zu sammeln. Je mehr sie pflückte, desto stärker wurde ihre Gier. Gleichzeitig stellten sich Schuldgefühle ein, da ihr diese Zeit beim Workshop verlorenging. Einerseits versagte sie sich die Zeit und die Freizeit, in Ruhe einer Aktivität (wie Brombeerpflücken) nachzugeben – sie steckte inmitten ihrer Selbstverleugnung. Andererseits aber konnte sie, während sie ihrem Bedürfnis nachging, nicht genug bekommen. Plötzlich wurde ihr klar, daß ihre Gier nur abzustellen sei, wenn sie auch die Bereitschaft aufbrächte, ihre Selbstverleugnung aufzugeben und umgekehrt. Würde sie in ihrem Leben mehr Zeit auf bestimmte Aktivitäten und Dinge verwenden (wie etwa Brombeerpflücken), bräuchte sie nicht alles auf einmal zu erledigen und ihr Verhalten so auszurichten, als komme sie nie wieder zum Brombeerpflücken.

Unehrlichkeit

Unehrlichkeit ist, wie Sie bereits wissen, ein typisches Merkmal des Suchtsystems. In Verbindung mit ihr bin ich auf weitere Bausteine gestoßen.

Zunächst sind da *Unehrlichkeit und Nett-Sein* zu nennen. Diese Kombination herrscht besonders offenkundig in religiösen Gruppen und Frauengruppen vor, obwohl natürlich auch Männer darunter fallen. Wollen wir den Schein des Nett-Seins bewahren, müssen wir gezwungenermaßen oft unehrlich sein. Richtet sich beispielsweise jemand mit der Bitte an Sie, irgend etwas zu tun, wozu Sie nicht die geringste Lust verspüren, Sie aber dennoch sagen: »Ja, aber natürlich, das macht mir gar nichts aus, das wird erledigt«, dann verhalten Sie sich unehrlich. Sie tun es nur, um nett und gefällig zu sein. Auch diese beiden, Nett-Sein und Unehrlichkeit, sind unauflöslich ineinander verschlungen. Solange wir unehrlich sind, können wir unser nettes Image nicht aufgeben, und gleichermaßen werden wir niemals irgendeiner Sache oder einer Person ein aufrichtiges Interesse entgegenbringen können, solange wir unehrlich sind.

Die zweite Kombination ist *Unehrlichkeit und Rechthaberei*. Bei einer meiner Klientinnen konnte ich dieses Problem deutlich beobachten. Sie mußte einfach immer recht haben, selbst wenn auf der Hand lag, daß sie im Unrecht war, und dieses Bedürfnis vereitelte ihre Bemühungen, ehrlich zu sein. Auch wenn ihr klar war, daß mir bestimmte Tatsachen einfach bekannt waren, behielt sie ihre Rechthaberei bei, flüchtete sich in Unehrlichkeit und verdrehte Fakten, Zahlen und Inhalte. Sie wird unmöglich zu der von ihr als wichtig erkannten Ehrlichkeit gelangen, wenn sie nicht bereitwillig ihre Rechthaberei aufgibt; sie wird sich von Unehrlichkeit *und* Rechthaberei trennen müssen, um klar denken, den Systemwechsel vollziehen zu können.

Dieses Phänomen läßt sich auch auf der gesellschaftlichen Ebene beobachten. Unsere Regierung würde einen Irrtum nicht zugeben, wenn unsere internationalen Beziehungen nicht in Ordnung sind. Vielmehr wird sie in solchen Fällen mit Unehrlichkeit operieren und versuchen, die Wahrheit zu vertuschen. Wären wir nicht so tief in unsere Rechthaberei verstrickt, bräuchten wir nicht dermaßen unehrlich zu sein. Gerade an diesem Beispiel läßt sich gut erkennen, wie leicht die Vorgänge auf der individuellen Ebene sich auf die politische und gesellschaftliche Ebene ausweiten und übertragen lassen – und umgekehrt.

Rechthaberei und Verteidigungshaltung sind ebenfalls ein Beispiel, wie diese Bausteine auf persönlicher und auch auf gesellschaftlicher Ebene funktionieren. Sehen wir es als unumgängliche Notwendigkeit an, recht zu haben (auch wenn wir wissen, daß dies nicht der Fall ist), beziehen wir eine Verteidigungsstellung. Als Folge davon verteidigen wir häufig eine vollkommen sinnlose Position (die deshalb gar nicht zu verteidigen ist). Glaubwürdigkeit und Ehrlichkeit werden zunehmend unwichtiger, denn schließlich wollen wir bloß im Recht sein. Auch diese beiden Teile funktionieren nur gemeinsam. Aus diesem Grund müssen wir uns von beiden gleichzeitig trennen.

Unterdrückung und Besessenheit

Schon seit einiger Zeit fasziniert mich die Besessenheit, mit der die Kirche, insbesondere gegenwärtig die katholische Kirche, am Thema Sex festhält. Beispielsweise fiel mir auf, wie die Kirche den Sex zum bedeutsamsten Aspekt in der Beziehung zwischen Mann und Frau aufwertet. Dafür entdeckte ich einen einfachen Grund: Unterdrückung und Besessenheit besetzen ein- und denselben Baustein. Sobald wir etwas unterdrücken (wie etwa die Sexualität), neigen wir dazu, davon besessen zu werden. Betrachten wir Sex hingegen als einen ganz normalen Bestandteil des Lebens und nicht als maßgebliches Kriterium für die Qualität von Beziehungen, werden wir uns nicht unentwegt damit beschäftigen. Mystifizieren wir ihn jedoch und behandeln ihn unter dem Siegel der Verschwiegenheit, wird Sex uns als Thema mit zunehmender Intensität verfolgen. Solange wir mit dieser Besessenheit nicht zurechtkommen, sie nicht loslassen, sie überwinden können, werden wir uns der Unterdrückung nicht bewußt werden; genausowenig ist es uns möglich, mit unserer Unterdrückung und Verdrängung umzugehen, wenn wir nicht die Bereitschaft aufbringen, unsere Besessenheit abzulegen.

Natürlich steht dieser Baustein nicht nur im Zusammenhang mit Sex. Wenn wir etwa Ärger unterdrücken, wird er uns nicht loslassen. Wenn wir Schmerz unterdrücken, werden wir ihn um so quälender spüren. Und auch Kummer wird uns nicht verlassen, indem wir ihn verdrängen. Letztendlich führt *alles,* was wir unterdrücken, zur Besessenheit.

Wertlosigkeit

Viele Frauen, mit denen ich arbeite, sprechen über Wertlosigkeitsgefühle. Ironischerweise aber glauben gerade diejenigen Menschen, die ihre Minderwertigkeit besonders stark betonen, sie seien wichtiger und besser als alle anderen! Diese Einsicht brachte mir zwei weitere Bausteine.

Unterlegenheit und Grandiosität sind der erste. Jedesmal, wenn Menschen auf ihre Minderwertigkeit, ihre Unterlegenheit pochen, geraten sie (beinahe im selben Atemzug) in zunehmende Begeisterung über sich selbst, ihr Können, ihre Großartigkeit und Bedeutung. Beide gehören zusammen, und wir pendeln unaufhörlich zwischen ihnen hin und her, wenn wir nicht beide zugleich ablegen. Es scheint, als züchte das eine das andere!

Wertlosigkeit und Überlegenheit sind der zweite Baustein. Gerade diejenigen Menschen, die angeblich von den größten Minderwertigkeitsgefühlen geplagt werden, spielen diese in Herrschaft über andere aus; und Menschen, die uns unentwegt ihre Überlegenheit verkaufen wollen, quälen sich mit tiefsitzenden Minderwertigkeitsgefühlen. Einer meiner Schüler beispielsweise war ein wirklich intelligenter, höchst qualifizierter Mann mit einem Doktortitel auf einem angesehenen Gebiet. Trotz alledem war seine Selbstachtung äußerst gering entwickelt. Unglücklicherweise verhielt er sich aus Gewohnheit als »Autorität«, spielte sich anderen gegenüber als Herr auf und verströmte ein

Flair von herablassender Überheblichkeit. War er dann einmal sich selbst und der Gruppe gegenüber ehrlich, erklärte er oft, er fühle sich wie »ein Stück Dreck«. Allmählich begann er, sein Verhalten zu durchschauen, es ging ihm besser, und er konnte sein »überlegenes« Getue aufgeben. Er rangierte diesen Baustein aus. Sobald das eine Merkmal verschwunden war, trat auch das zweite nicht mehr auf. Auch bei diesem Baustein genügt es nicht, eine Seite in den Griff zu bekommen. Streben wir Gesundung an, muß der gesamte Stein entfernt und ein Systemwechsel vollzogen werden.

Rigides Urteilen

Ein integraler Bestandteil des Suchtsystems ist rigides Urteilen, das sich ebenfalls zwei Bausteinen zuordnen läßt.

Nehmen wir zunächst rigides *Urteilen und Inflexibilität*. Menschen, die vorschnell urteilen, neigen auch zu Unnachgiebigkeit, Rechthaberei und Überlegenheitsgebaren. In gleicher Weise führt wiederum Inflexibilität zu rigidem Urteilen. Geben wir uns unflexibel und starr, werden wir kaum vorankommen und »in Fluß bleiben«; wenn wir vorschnell Dinge und Menschen aburteilen, verhärtet sich in zunehmendem Maße der Umgang mit uns selbst, anderen Menschen und unserer Umwelt. Deshalb müssen wir notwendigerweise beide Verhaltensweisen ablegen.

Rigides Urteilen und Selbstgerechtigkeit wären als nächstes zu nennen. Wenn wir selbstgerecht sind – uns als vollkommen rechtschaffen, moralisch und von ethischen Grundsätzen geleitet begreifen –, neigen wir unwillkürlich zu rigiden, vorschnellen Urteilen. Umgekehrt urteilen wir alles und jeden ab, wenn wir an unsere Selbstgerechtigkeit glauben.

Oft ist dieser Verurteilung-Selbstgerechtigkeits-Baustein bei den Mitgliedern der fundamentalistischen religiösen Gruppen zu beobachten. Unentwegt verkünden sie die Folgerichtigkeit ihrer Glaubenslehre; daher ist der nächste Schritt nicht weit, nämlich die Überzeugungen und Ansichten anderer Menschen als falsch, unwahr oder untragbar zu verurteilen. (Solange sie auf diese Weise andere aburteilen können, können sie an ihrem Glauben festhalten, sie selbst hätten recht!)

Die häufigste Ursache für diesen Baustein liegt in unserer Unsicherheit. Wenn wir uns der eigenen Persönlichkeit, der eigenen Wahrnehmungen nicht sicher sind, benötigen wir Unterstützung von außerhalb. Wie bereits in ›Weibliche Wirklichkeit‹ erwähnt, finden wir dieses Verhalten bei den Frauen des Reaktiven Weiblichen Systems: Wir sind dermaßen verunsichert und wissen nicht, wo wir eigentlich hingehören, daß wir geradezu zwanghaft versuchen, die Zustimmung anderer zu erlangen. Allmählich vertreten wir unsere Auffassungen mit Selbstgerechtigkeit und Unerbittlichkeit, wir urteilen Menschen ab, die unsere Ansichten nicht teilen, da wir ihre »Unterstützung« für unser eigenes Wohlergehen in dieser Form dringend benötigen.

Beides – rigides Urteilen und Selbstgerechtigkeit – ist kontraproduktiv, und ihr Zusammenwirken versperrt jeden Weg, der zu Veränderung oder Aufgeschlossenheit führen könnte.

Selbstverachtung und Neid

Neid entsteht, wenn wir uns selbst verachten und geringschätzen, wenn wir unseren persönlichen Wahrnehmungen nicht trauen, wenn uns das Vertrauen in den Glauben fehlt, wir könnten etwas aus unserem Leben machen. Ständig vergleichen wir unsere Leistungen mit denen anderer Menschen oder unseren Besitz mit ihrem, und jedesmal ziehen wir in unseren Augen den kürzeren.

Wenn wir jedoch andere beneiden, dann fast immer deshalb, weil wir uns und das, was wir tun, nicht schätzen. Neid läßt sich nicht zügeln oder ablegen, solange wir nicht unsere Selbstverachtung aufgeben und alle unsere Aktivitäten so einschätzen, als hätten sie, verglichen mit denen anderer, wenig oder gar keinen Wert. »Vergleichbar« wird in dieser Hinsicht zum Schlüsselbegriff: Denn sobald wir uns auf unseren Handlungsbereich, unsere Notwendigkeiten konzentrieren, erübrigt sich jeder Vergleich mit anderen Menschen, gibt es keinen Anlaß zum Neid.

Mir ist aufgefallen, daß die Kombination dieses Bausteins oft bei Menschen zu finden ist, die nicht ihren eigentlichen Aufgaben und Pflichten – egal, welcher Art sie sind – nachgehen. Solche Menschen fragen sich, was die anderen eigentlich tun, daß sie so weit gekommen sind. Daraus entsteht Neid. Würden sie dagegen ihre Aufmerksamkeit auf sich selbst lenken, sich selbst höher schätzen und ihre eigene Arbeit erledigen, dann wäre kein Grund zum Neid vorhanden. Erst wenn wir unsere Neidgefühle loswerden, können wir uns der Selbstverachtung entledigen; wir können jedoch nicht aufhören, uns geringzuschätzen, wenn wir nicht gleichzeitig den Neid fallenlassen.

Schuldzuweisung und Verantwortungslosigkeit

Wenn wir uns weigern, die Verantwortung für unser Leben zu übernehmen, wenn wir uns nicht eingestehen, daß es einzig und allein unser Leben ist, oder wir es nicht in seiner Vielschichtigkeit annehmen und bewältigen wollen, sind wir nur zu leicht bereit, anderen Menschen die Schuld für unser Befinden zuzuschieben. Werfen wir aber anderen den Zustand vor, in dem wir uns befinden, haben wir wiederum selbst gar nicht die Wahl, die Verantwortung für unser Leben zu übernehmen.

Egal, wie traumatisch unsere Vergangenheit gewesen sein mag, solange wir sie nicht unser eigen nennen, werden wir sie niemals bewältigen können. Solange uns die Einsicht fehlt, daß die Vergangenheit uns gehört (und uns Gelegenheiten zum Lernen und Bewußtwerden bietet), daß wir sie umsetzen und aufarbeiten müssen, ganz gleich, welche Mühe das kosten mag, werden wir andere tadeln und ihnen die Schuld zuweisen. Wir sehen sie als verantwortlich an und ziehen sie zur Rechenschaft.

Durch Schuldzuweisung einerseits und Verantwortungslosigkeit andererseits bleibt die Distanz zu unserem Leben gewahrt, bleiben unsere Fähigkeiten, zu lernen und Einsichten zu gewinnen, ungenutzt. Diese Eigenschaften hindern uns, zu lernen, was wir lernen sollten, zu wissen, was wir wissen sollten, zu tun, was wir tun sollten. Die Schuldigen werden immer andere sein, solange wir nicht selbst die Verantwortung tragen; dazu aber sind wir nicht in der Lage, wenn wir anderen Vorwürfe machen.

Unausstehlichkeit und Bedürftigkeit

Eine meiner Freundinnen ist häufig »unausstehlich« – zickig, mürrisch, rotzig, gereizt, sie verströmt alle möglichen beunruhigenden Signale über ihre Augen, ihren Körper und ihre inhaltlichen Aussagen. Normalerweise wird sie dann von anderen Leuten gemieden, doch genau das scheint sie zu beabsichtigen.

Wegen dieses Verhaltens ziehe ich sie hin und wieder auf, und bei einer dieser Gelegenheiten sagte ein Schüler von mir: »Was soll's? Einen Arsch muß man eben wie einen Arsch behandeln.« Nun ist *Arsch* ein Begriff, der selten zur Charakterisierung einer Frau verwendet wird, dennoch schien er in diesem Fall passend. Jedenfalls führte diese Bemerkung zur Benennung eines weiteren Bausteins. Unausstehlichkeit und Bedürftigkeit. Uns war nämlich aufgefallen, daß meine Freundin immer dann unausstehlich und kratzbürstig wurde, wenn sie bestimmte Bedürfnisse hatte – wenn sie etwa gestreichelt oder in den Arm genommen werden wollte oder einfach die Aufmerksamkeit einer Person benötigte. Meist war dies der Fall, wenn sie in eine Form der Bedürftigkeit verfiel, wie sie im Suchtsystem häufig vorzufinden ist, eine Form, in der die Befriedigung eines Wunsches von *außerhalb* erwartet wird. Nachdem wir uns gründlich mit diesem Verhaltensmuster beschäftigt hatten, erkannte meine Freundin, daß sie mit dem Anspruch lebte, derartige Bedürfnisse seien nur durch äußere Faktoren zu stillen. Dann jedoch mußte sie stets die Erfahrung machen, daß diese Hoffnung sich nicht erfüllte, und infolgedessen wurde sie unausstehlich und launisch. Als sie schließlich anfing, sich selber mehr auf ihre persönlichen Bedürfnisse zu konzentrieren und sich mit ihnen zu beschäftigen, verschwand auch ihr unausstehliches Verhalten.

Solange sie ihre Bedürfnisse und Wünsche nicht berücksichtigte, konnte sie auch ihre Unausstehlichkeit nicht ablegen; ihre Bedürftigkeit wiederum blieb ihr so lange erhalten, bis sie endlich ihre Nervigkeit aufgab. Nachdem sie jedoch erst einmal diesen Baustein entdeckt hatte, war es möglich, die ganze Sache fallenzulassen.

Analyse und Ohnmacht

Es war ebenfalls eine meiner Schülerinnen, die mich auf einen weiteren Baustein aufmerksam werden ließ: Analyse und Ohnmacht. Sie hat die Tendenz, ihre persönlichen Probleme in einer ziemlich logischen, rationalen und intellektuellen Art zu behandeln, und wenn sie erst einmal begonnen hat, diese Probleme zu analysieren (und zu analysieren und zu analysieren), dreht sie sich im Kreis, bleibt stecken und kommt dann zu keinem Ergebnis.

Nachdem wir uns eine Zeitlang damit beschäftigt hatten, wurde uns klar, daß Analysieren in Ohnmacht, in einer Art Lähmung, endet, die wiederum den Drang nach Analyse bewirkt. Zwar haben wir stets die Erwartung, dieses Zerlegen und Zerpflücken führe uns zu irgendeinem Schluß, einer zu ergreifenden Maßnahme, doch das ist beinah nie der Fall. Wenn wir ständig analysieren, laufen wir Gefahr, auf der Stelle zu treten. Beides – Analyse und Ohnmacht – ist Teil desselben Dualismus.

Wir kommen nicht »vorwärts«, wenn wir dieses Steckenbleiben nicht aufgeben, andererseits aber können wir dieses Steckenbleiben nicht verhindern, solange wir den Grund dafür stets zu analysieren suchen.

Angst und Wut

Daß Angst und Kontrolle sich einen Baustein teilen, habe ich bereits dargestellt. Angst besitzt jedoch noch einen zweiten Bausteinpartner, die Wut.

Fast immer, wenn wir Angst haben, sind wir zur selben Zeit wütend. Und wenn wir wütend sind, dann nagt meist die Angst an der Wurzel unserer Wut – die Angst vor uns und/oder die Angst vor den anderen. Wird unser Handeln von Angst bestimmt, sind wir zornig, weil wir die Welt als Ort empfinden, der nichts als Unsicherheiten bereithält; durch unseren Zorn unterstützen wir aber das Bild von der unsicheren Welt, denn unser Groll erzeugt bei anderen Menschen Mißfallen.

Würden wir unsere Ängste ablegen, würde auch die Wut verfliegen; würden wir uns nicht andauernd ärgern, dann hätten wir viel weniger zu fürchten.

Gewinnen und verlieren

Oft sagt uns der Verstand, wir könnten alles, was wir anpacken, mit Erfolg und Gewinn abschließen. Diese Ansicht enthält jedoch stets die Möglichkeit des Verlierens. Denken wir bei all unseren Aktivitäten, unsere Bemühungen würden sowieso scheitern, wir würden verlieren, dann bleibt immer noch die Möglichkeit des Gewinnens, und das treibt uns an. In diesem dualistischen System bleiben wir hängen, wir rennen hin und her, zwischen gewinnen und verlieren, wir laufen vor und zurück, zwischen verlieren und gewinnen.

Irrelevant und unbedeutend wird ein solches Gewinner- und Verliererspiel erst in einem Prozesse-System. Bisher jedoch existieren solche Konzepte nicht. Gewinnen und verlieren sind Teile des Suchtsystems.

Hoffnungslosigkeit und Perfektionismus

Scham und Perfektionismus bildeten ein Paar auf einem Baustein; Hoffnungslosigkeit und Perfektionismus sind ein weiteres Paar.

Perfektionismus ist eine Illusion. Deshalb müssen all unsere Versuche, perfekt zu sein, in Gefühlen der Verzweiflung und Hoffnungslosigkeit enden. Doch gerade wenn wir ohne jede Hoffnung sind, versuchen wir in verstärktem Maße, perfekt zu sein, um unserer Hoffnungslosigkeit zu entkommen und an uns selbst zu glauben. Unentwegt schwanken wir zwischen beidem hin und her.

Wenn wir keinerlei Hoffnung in unser Leben setzen, werden wir unsere Perfektionismus-Idee nie aufgeben können; genausowenig werden wir unser Gefühl der Verzweiflung verlieren, wenn wir stets nach Perfektionismus streben.

Arroganz und Unterlegenheit

In den meisten Beziehungen herrscht die Ansicht vor, es gebe nur ein »Oben« und »Unten« (in meinem Buch ›Weibliche Wirklichkeit‹ bin ich genauer auf ein solches Verständnis von Beziehungen eingegangen). Im Grunde genommen bedeutet dies, daß zwei Menschen nicht auf derselben Stufe, als Gleichrangige nebeneinander leben können; statt dessen muß einer der beiden »oben« stehen, während der oder die andere sich »unten« befindet.

Sobald wir uns in der unteren Position befinden, erliegen wir dem Glauben, mit Hilfe von Arroganz könnten wir aus dieser Stellung herauskommen (und nach oben gelangen). Arroganz wiederum bewirkt, daß wir glauben, wir gehörten tatsächlich nach oben, und deshalb müßten alle anderen nach unten. Wir vermögen uns kaum vorzustellen, daß wir einer anderen Person gleichgestellt sind oder daß diese Person einfach mit uns gleichrangig ist.

Es ist notwendig, sowohl unsere Arroganz aufzugeben als auch die Bereitschaft, unsere Zeit in der Rolle des »Underdog« zu verschwenden; beide Verhaltensweisen besetzen denselben Baustein. Wenn wir andere Menschen als gleichwertig betrachten, ihnen die gleichen Rechte wie uns zugestehen, wird es kein Oben und Unten mehr geben.

Zynismus

Zynismus besetzt eine Seite von mindestens zwei Bausteinen. Betrachten wir ihn zunächst in Verbindung mit *Idealismus.* Eine besondere Rolle spielt dieser Baustein oft in unseren zwischenmenschlichen Beziehungen, etwa bei Familien und ihrem Weltbild. Am Anfang legen sie voller Hoffnung, voller Idealismus los, glauben, alles sei erreichbar, und im Grunde genommen sei die Welt in Ordnung. Dann, wenn nämlich dieses rosarote Bild von bestimmten Vorfällen oder Ereignissen überschattet wird, schleicht sich Zynismus ein, und die Betroffenen tun so, als stünden sie über allem. Mit der Zeit ignorieren sie jeden, der nicht in ihr Modell paßt, setzen ihn herab oder kritisieren ihn, schließlich »geben sie auf«.

Der zweite Bausteinpartner des Zynismus ist *Naivität*. Und zwar funktioniert Naivität hier im Sinne von Verleugnung: »Ich will die Welt einfach nicht so sehen, wie sie ist. Ich werde so tun, als gebe es sie gar nicht. Ich werde mich so verhalten, als sei sie nicht vorhanden. Meine Familie wird sich genauso verhalten, und dann brauchen wir uns auch nicht damit herumzuschlagen.« Diese Weigerung, der Unehrlichkeit und den Kontrollmechanismen des Suchtsystems ins Auge zu sehen, geht allmählich in Zynismus über und in eine bestimmte Form von Überlegenheitsgefühlen: »Ich bin schließlich etwas Besseres als die anderen; meine Familie ist besser als andere Leute; alle anderen sind von Grund auf schlecht.«

Beide Bausteine stehen oftmals in direkter Verbindung zueinander. Wir schnellen vor und zurück, zwischen Zynismus und Idealismus, zwischen Zynismus und Naivität.

Im Lebensprozesse-System dagegen findet hier eine Kehrtwendung statt, und zwar hin auf eine Kombination von naiver Unschuld und Weisheit. Wir brauchen diesen Zynismus nicht mehr; genausowenig müssen wir unser Leben lang Scheuklappen tragen. Vielmehr können wir das Leben in seiner Realität sehen und ihm offen gegenübertreten.

Fördern und ignorieren

Fördern und ignorieren – das ist ein Baustein, der am deutlichsten bei co-abhängigen Menschen zutage tritt.

Co-Abhängige kennen keinen Unterschied zwischen *für jemanden sorgen* und *für jemanden Zuneigung empfinden*. Nachdem sie lange Zeit für einen anderen Menschen gesorgt haben (und dessen Abhängigkeit kräftig unterstützt haben), stellen sich Groll und Feindseligkeit ein, sie fühlen sich ihrer Kräfte beraubt. Infolgedessen beginnen sie plötzlich, diesen Menschen, um den sie sich gekümmert haben, zu ignorieren; dieser reagiert seinerseits mit der Forderung nach noch größerer Fürsorglichkeit. Daraufhin kehrt der Co-Abhängige doch wieder in seine Helferrolle zurück (damit er Ruhe hat!).

Co-Abhängige bleiben in diesen Verhaltensmustern stecken: Sie fördern oder unterstützen, kümmern oder sorgen sich einerseits; andererseits fühlen sie sich überbeansprucht und ignorieren folglich alles. Immer und immer wieder bewegen sie sich zwischen diesen beiden Gegensätzen hin und her. Viele von uns hatten Eltern, die uns ungefähr in folgender Weise großgezogen haben: Sie wechselten fortwährend zwischen vollkommener Selbsthingabe und Zuwendung und emotionaler Abwendung, mit der Folge, daß wir allein zurechtkommen mußten. Meiner Ansicht nach gründet sich die weitverbreitete Angst, verlassen zu werden, auf genau diesen Baustein. Wir wachsen in dem Glauben heran, eine Beziehung könne nur auf zwei Arten funktionieren: Entweder wir tun alles für den anderen Menschen, oder wir lassen ihn fallen, ignorieren ihn vollkommen.

Aufrichtige *Zuneigung für* jemanden können wir nicht empfinden, solange uns das Vertrauen in einen Menschen fehlt, das uns wissen läßt, er wird uns nicht verlassen; zu diesem Vertrauen werden wir nicht finden, wenn wir übertrieben unterstützende und helfende Verhaltensmuster nicht ablegen.

Mann und Frau

Kommen wir zum letzten Baustein, den ich Ihnen näher erläutern möchte. Er betrifft Mann und Frau. Lange Zeit war mir nicht bewußt, daß auch dieser Stein in unseren Baukasten gehört, doch je länger ich darüber nachdachte, desto deutlicher konnte ich ihn als Prozeß des Suchtsystems erkennen.

Vor kurzem las ich das Buch ›The Further Education of Oversoul Seven‹ von Jane Roberts.[4] An einer Stelle fiel mir ein Satz von Oversoul, einer Figur des Romans, ins Auge. Er lautete sinngemäß: »Oh ja, Erde; du beherbergst ein Volk, das an Mann und Frau glaubt und an die Verschiedenheit beider.« In diesem Augenblick wußte ich, daß die beiden einen Baustein darstellen – das Männliche an einem Ende, das Weibliche am anderen. Natürlich ist auch dieses Männlich-Weiblich-Bild eine modellhafte Darstellung unserer Erfahrungen, wie alle anderen Bausteine auch. Jeder von uns trägt Merkmale und Eigenschaften *beider* Geschlechter in sich; aber manche Menschen befinden sich näher an einem Ende, während andere dem gegenüberliegenden näherkommen. Dazwischen gibt es unzählige Abstufungen.

Im Grunde verfolgt das Konzept des Männlich-Weiblich-Dualismus nur ein Ziel: Es bindet uns an das Suchtsystem und trennt uns von der Erfahrung, daß es keine festgelegten Grenzen in bezug auf das gibt, was gemeinhin unter die Kategorien Männlichkeit und Weiblichkeit fällt. Vielmehr bewegen wir uns hier auf einer kontinuierlichen Linie.

Wenn wir uns darauf beschränken, *einzig und allein* männlich oder *einzig und allein* weiblich zu sein, und von anderen Menschen dieselbe Eindeutigkeit erwarten, versagen wir uns eine Vielfalt an Beziehungen und verschiedene Formen von Nähe und Intimität.

Mittlerweile haben viele Frauen und einige Männer die Notwendigkeit erkannt, sich so anzunehmen und zu akzeptieren, wie sie sind, was vielleicht gar nichts mit diesem Konzept zu tun hat. Aber indem sie dies tun, bewegen sie sich auf das Lebensprozesse-System hin.

Bisher haben wir einige Prozesse des Suchtsystems untersucht. Natürlich ist diese Untersuchung noch nicht vollständig, sie sollte Ihnen zunächst einige Anregungen liefern. Wie schon früher bemerkt, stellen diese Prozesse die geheimen, stillen Antriebskräfte des Systems dar. Sie sind weitaus machtvoller als die Inhalte oder die Rollen dieses Systems.

Da wir in einem statischen System herangewachsen sind, dessen Fixierung fast ausschließlich auf Inhalten beruht, wissen wir nur wenig über Prozesse und können kaum mit ihnen umgehen. Hierin liegt ein Grund, weshalb sie uns so tiefgreifend beeinflussen. Wir haben keine Übung darin, sie zu erkennen; wir wissen nicht, was wir mit ihnen anstellen sollen; und wir wissen ebenfalls nicht, wie wir mit ihnen leben können.

Wenn wir die Art und Weise, in der diese Prozesse auf uns einwirken, sorgfältig betrachten, dann können wir die Ausmaße dieses Problems wenigstens ansatzweise begreifen. So vermag beispielsweise der *Inhalt* eines Versprechens oftmals großen Einfluß auf uns auszuüben, und trotzdem ist es der *Prozeß* des Versprechens, der uns letztendlich von unserer gegenwärtigen Situation und Realität entfernt. Möglicherweise spielt der Inhalt des Versprechens noch nicht einmal eine Rolle; es ist der mit ihm verbundene Prozeß, der uns in die Sucht und in süchtige Verhaltensmuster treibt.

Heute haben wir immerhin einen Vorteil: Wir können diese Prozesse beim Namen nennen. Das erlaubt uns, einen weiteren Schritt zu tun und das *Wie* der Sucht zu untersuchen. Wie sind wir eigentlich in ein System geraten, in dem Machtlosigkeit und Lebensfeindlichkeit die Hauptakzente bilden? Wie konnte es so weit mit uns kommen, daß wir unsere eigentlichen Lebenskräfte und -energien verleugnen? Wie sind wir an diesen Punkt gelangt?

Im zweiten Teil dieses Buches habe ich verschiedene Merkmale des Suchtsystems beschrieben. Es sind Eigenschaften und Charakteristika, über die ich selbst einiges gelernt habe – während meiner eigenen Genesung und durch die Behandlung von Süchtigen und Co-Abhängigen. In Kreisen, die sich mit der Behandlung von Süchtigen beschäftigen, werden sie als »Charakterfehler« bezeichnet oder als »Dinge«, von denen man genesen muß. Und dennoch: Es sind *Prozesse,* keine Charakterfehler oder »Dinge«. Sprechen wir über kontrollierendes Verhalten, dann sprechen wir über einen *Prozeß.* Sprechen wir über das »kaputte Denken«, dann sprechen wir von einem *Prozeß.* Das gleiche gilt für all die übrigen Merkmale: Selbstbezogenheit, Unehrlichkeit, Verwirrung, Verleugnung, Illusionen, Angst, Tunnelblick, Gefühlsstarre, ethische

Verwahrlosung usw. Dies alles sind Prozesse, Merkmale eines *Sucht*prozesses.[5]

Haben wir erst einmal erkannt, wovon die Macht ausgeht, können wir uns mit aller Kraft unserer Genesung zuwenden und gleichzeitig die Genesung anderer hilfreich unterstützen. Mit dieser Einsicht vermögen wir *wirklich* unsere Heilung und die des Systems in Angriff zu nehmen. Wir alle können ein Stück weit »Helfer« in dieser Welt werden. Wir können und müssen einsehen, daß wir uns innerhalb eines Suchtsystems bewegen, das von einem Suchtprozeß in Gang gehalten wird. Dieser Suchtprozeß seinerseits ist durch viele Verästelungen und Abwandlungen gekennzeichnet. Sobald wir diese Tatsache, die Wahrheit annehmen, sind wir in der Lage, mit uns selbst nachsichtig umzugehen, und wir können ein Gesamtsystem erkennen, das von einer Krankheit durchzogen und dessen Genesung dringend notwendig ist.

Sehen, was wir sehen, wissen, was wir wissen

Begleiterscheinungen eines Lebens im Suchtsystem

Wollen wir das Suchtsystem verlassen, den Wechsel vollziehen und in das Lebensprozesse-System umsteigen, müssen wir zunächst die Bereitschaft aufbringen, das zu sehen, was wir sehen, und das zu wissen, was wir wissen. Lassen Sie uns zu diesem Zweck einen Rückblick auf die bisher dargelegten Punkte werfen und sie noch ein Stück weiter ausarbeiten.

Das Suchtsystem führt uns in die vollständige Zerstörung

Das Suchtsystem ist in seiner Orientierung lebensfeindlich und *unlebendig.* Damit wir *dazugehören,* verlangt uns dieses System ab, unsere persönliche Identität aufzugeben, unsere Kraft, unser Bewußtsein und Wissen. Es verlangt, daß wir die Möglichkeit einer irgendwann eintretenden Vernichtung dieser Welt hinnehmen. Ist das nicht »kaputtes Denken«?

Alle Menschen, die wirklich leben, werden im Suchtsystem als Bedrohung empfunden. Vergegenwärtigen Sie sich einmal, was in den meisten Einrichtungen und Betrieben geschieht, wenn ein Berufsanfänger dazustößt. Hat er gerade seinen Highschool-Abschluß hinter sich gebracht, wird er sich strahlend und quietschvergnügt an die Arbeit machen. Doch was geschieht dann? Sein Widerstand wird gebrochen. Seine Energie, seine Leistungsfähigkeit, seine Bereitschaft, alles umzukrempeln, bedrohen alle diejenigen, die sich systemkonform verhalten. Also muß sein Widerstand gebrochen werden, er unterdrückt und gezwungen werden, sich anzupassen – er muß seine lebensbejahende und -fördernde Haltung aufgeben. Mag das erklärte Ziel des Unternehmens auch Produktivität, Profit oder Kundennähe heißen; das *Un*ausgesprochene jedenfalls verlangt, dieses System und den Status quo zu erhalten.

Ist der Gedanke nicht nahezu unerträglich, daß ein ganzes System sich in eine lebensfeindliche Richtung bewegt? Die Erkenntnis, daß diese Haltung, diese Einstellung in unserem System akzepiert wird, ist meines Erachtens wahrhaft erschreckend. Fürchten wir nicht zu Recht um unser Leben und das unserer Kinder, wenn wir zusehen und wissen, daß die bedeutsamsten politischen Entscheidungen in den Händen von Personen liegen, die ihren Suchtprozeß weder verstehen noch eingestehen; daß diese Entscheidungen von Personen getroffen werden, deren Denkprozesse eine frappierende Ähnlichkeit mit den gestörten und verdrehten Denkmustern des Süchtigen aufweisen?

Müssen wir also ruhig die vom Suchtsystem in Aussicht gestellte Zerstörung abwarten? Ich denke nicht und möchte deshalb einmal auf meine Erfahrung mit der Behandlung von Süchtigen zurückgreifen. Früher ging man davon aus, Süchtige könnten ihren Genesungsprozeß erst dann beginnen, wenn sie an ihrem Tiefpunkt angelangt sind. Bevor sie nicht an das Ende der selbstzerstörerischen, abwärts gerichteten Spirale gelangt waren, waren sie für die Genesung noch nicht »reif«. (Gleicht dieses auf die persönliche Ebene bezogene Konzept nicht dem des Atomkriegs auf der Ebene des Systems?) Erst in jüngerer Zeit sind einige Behandlungszentren dazu übergegangen, Süchtige aufzunehmen, die noch nicht vollkommen am Ende waren, und die Behandlung erwies sich trotzdem als erfolgreich. Wollen wir hoffen, daß es sich mit dem Suchtsystem genauso verhält.

Das Suchtsystem ist moralisch und spirituell am Ende

Bevor ich mich genauer mit dem Suchtsystem beschäftigte, hatte ich mir nie besonders viel Gedanken über die sieben Todsünden gemacht. Heute weiß ich, daß sie diesem System innewohnen und massiv und aktiv an seinem Fortbestehen mitwirken. Trotzdem sind sie meines Erachtens nicht Bestandteil des menschlichen Wesens. Stolz, Habgier, Wollust, Zorn, Unmäßigkeit, Neid und Trägheit – diese Sünden, die nach traditionellem Glauben jegliche spirituelle Entwicklung auf fatale Weise behindern – bilden, wie Sie bereits gesehen haben, die grundlegende Struktur des Suchtsystems. (Interessanterweise gelten sie in der Suchtbehandlung auch als Charakterfehler. Der Süchtige muß sie aufarbeiten, um seinen Genesungsprozeß in Gang zu setzen.) Daß der Trinker oder Süchtige alles anstellt, um zu seinem »Kick« zu kommen, wissen wir. Doch was bedeutet diese Besessenheit bezogen auf das System?

Was, außer Habgier und Unmäßigkeit, bewegt wohl Unternehmen zur Produktion und zum Vertrieb von Medikamenten mit fragwürdigem Heileffekt? Und was veranlaßt dieselben Unternehmen, dieselben Medikamente aus den Regalen zu entfernen, sobald ihr Verfalldatum überschritten ist, um sie sodann erneut zu verpacken und an Dritte-Welt-Länder zu verkaufen, wo sie bereits Krankheit und Tod verursacht haben?

Was, außer Unmäßigkeit, veranlaßt einen Trainer, Pferde mit Drogen vollzustopfen, damit die Tiere ihre angegriffenen Muskeln und Knochen beim Rennen nicht spüren? Und was mag in diesen Menschen vorgehen, wenn sie im Anschluß daran vor der Fernsehkamera behaupten, dies alles geschehe »zum Wohl der Tiere«?

Mittlerweile sind wir abgehärtet gegen diesen moralischen und spirituellen Bankrott, den wir überall um uns herum wahrnehmen. Wir haben uns dermaßen an die schamlosen Lügen unserer offiziellen Stellen gewöhnt, daß die notwendige Fähigkeit verlorengegangen ist, Unehrlichkeit von Wahrheit zu unterscheiden. Wie bereits bemerkt, sitzen diese Talente, diese Fähigkeiten, nicht im rationalen Verstand, sondern im Solarplexus; durch ein »instinktives Gefühl« merken wir, wenn man uns belügt. Wie aber können wir Botschaften unseres inneren Lügendetektors aufnehmen und empfangen, wenn wir ihn mit Alkohol, Essen, Spielen, Geldverdienen und Arbeitssucht betäuben?

In diesem System können wir unsere Kinder längst nicht mehr unbesorgt in die Obhut von »netten, alten Damen« geben, da einige dieser »netten, alten Damen« sie als Objekt sexueller oder materieller Ausbeutung mißbrauchen.

Dieses System wird von der Ausbeutung der Körper von Frauen, Kindern und Männern zu Verkaufszwecken bestimmt. Unehrlichkeit wird kontrolliert und reguliert, und zwar von riesigen Behördenapparaten und Dienststellen, die in zunehmendem Maße schwerer zu durchschauen sind – Behörden, die sich hin und wieder selbst als unehrlich herausstellen. Wir leben in einem System, in dem wir die Lügen unserer führenden Politiker entschuldigen, damit wir eine Erklärung für und den Überblick über sie haben – genau wie das Co-Abhängige in ihren Suchtfamilien tun.

Wir leben in einer Welt, in der sich durch den moralischen Verfall das Oben buchstäblich nach unten kehrt. Der Moralbegriff mußte neu bestimmt werden, damit gängige Verhaltensmuster zu vertreten sind. Diese Muster gelten nun als Norm, werden mit Moral gleich gesetzt.

Mir ist eine religiöse Gemeinschaft bekannt, deren Oberhaupt aktiver Alkoholiker ist. Er taucht oft betrunken in der Öffentlichkeit auf. Die gesamte Gemeinschaft funktioniert wie eine Suchtfamilie: Sie sucht Entschuldigungen für sein Verhalten (einige behaupten sogar, dies sei Teil seiner Lehre von der Unvollkommenheit des menschlichen Wesens), und deshalb weist jedes Mitglied die Symptome der Co-Abhängigkeit auf. Die Gemeinschaft hält zusammen, findet Ausreden für die Trunkenheit ihres Oberhauptes und unterstützt das Fortbestehen seiner Krankheit – womit sie ihm keinen Gefallen erweist.

Der Suchtprozeß ist derart heimtückisch – Unehrlichkeit und Verleugnung sind so geschickt darin eingebaut –, daß der moralische und spirituelle Bankrott, in den er unser System gestürzt hat, sich unserem Blick und unserer Erkenntnis fast vollkommen entzieht. Das System erweist sich als sein eigener Deckmantel. Der Sachverhalt wird noch komplizierter, wenn wir die Tatsache in Betracht ziehen, daß ein Leben innerhalb dieses Systems uns sogar der Einsicht beraubt, es als das zu erkennen, was es eigentlich darstellt. (Aber schließlich ist Verwirrung ja auch eines der grundlegenden Merkmale des Suchtsystems.) An eines sollten Sie sich stets erinnern: Wenn wir das System als krank bezeichnen, heißt das nicht, daß es schlecht ist. Aber die einzige Hoffnung für seine Genesung liegt in der Konfrontation mit und in der Benennung der Krankheit.

Das Suchtsystem befindet sich im Irrtum über den Zustand der Menschheit

Vor ungefähr drei Jahren stellte ich auf einem Seminar einige Konzepte aus meinem Buch ›Weibliche Wirklichkeit‹ vor. Wir waren gerade mitten in der Diskussion über den Mythos des Männlichen Systems – daß es möglich sei, die Rolle des nach dem System definierten Gottes zu spielen –, als sich eine Frau unter den Zuhörern zu Wort meldete.

»Ich bin nicht sicher, ob es sich hier um einen Mythos des Männlichen Systems handelt«, sagte sie. »Ich glaube, daß es möglicherweise einfach dem menschlichen Wesen entspricht, Gott sein zu wollen.«

Gerade einen Tag zuvor war ich von einer Reise nach Hawaii zurückgekehrt, wo ich mich aufgehalten hatte, um die einheimischen Bewohner und ihre Sitten und Bräuche kennenzulernen. Von den Hawaiianern wußte ich, daß sie niemals das Bedürfnis hatten, wie Gott zu sein (zumindest solange nicht, bis die Missionare aufgetaucht waren). Diese Information jedenfalls genügte mir für die Überzeugung, daß es *nicht* dem *wirklichen* menschlichen Wesen entspräche, die Gottgleichheit anzustreben: Vielmehr stammte diese Auffassung aus dem Bestimmungs- und Verstehensbereich des Suchtsystems.

Allmählich begann ich mich zu fragen, wieviel von dem, was man uns beigebracht hatte, eigentlich noch verdreht und verfälscht worden war, um in das System zu passen. Sollte vielleicht unser gesamtes Selbstverständnis, unser Selbstbild auf einer Grundlage beruhen, die den Wahrnehmungen des Suchtsystems entsprach?

Davon ausgehend, machte ich mir Gedanken über die Kirche, die Quelle unserer religiösen Erziehung. Traf es nicht zu, daß auch sie einen Teil des Suchtsystems bildete und an dessen Fortbestehen eifrig mitwirkte?

Langsam wurde mir klar, wie alle Suchtprozesse – Versprechen, Vereinnahmung, Kontrolle, Fremdbestimmtsein, Außerkraftsetzung und Dualismus – genausogut als charakteristische Prozesse der Kirche bezeichnet werden konnten. Von da war es nur ein kurzer Weg zu der Einsicht, wie die Kirche tatkräftig unsere Fähigkeit beeinträchtigt und verhindert, daß wir unsere persönliche Spiritualität entfalten. Denn selbstverständlich vermag sie, aufgrund ihrer Komplizenschaft mit einer Suchtgesellschaft – ähnlich dem Co-Abhängigen – nicht das zu tun, was sie tun möchte, und setzt daher ihre Moral aufs Spiel.

Die Kirche verspricht uns Heilung und spirituelle Entwicklung, aber keines von beiden ist durch Suchtprozesse zu erlangen. Für die menschliche Seele sind die allgemein anerkannten Wahrheiten der Kirche wesentlich; da die Medien ihrer Verbreitung jedoch gleichzeitig Medien des Suchtsystems sind, müssen diese Wahrheiten an sich in eine lebensfeindliche Richtung gehen. Es ist bedauerlich, wie eine Institution, die ihre Existenz mit der Aussage »damit sie Leben und reiche Fülle haben« (Johannes 10,10) rechtfertigt, eigentlich einem Prozeß Vorschub leistet, der das Leben an sich verleugnet.

Eine andere Institution, die mir sehr am Herzen liegt, ist die Psychotherapie. In diesem Bereich wurden dieselben Fehler gemacht. Normalerweise gehen wir davon aus, die Psychotherapie diene der Heilung der menschlichen Persönlichkeit und ihrem Wesen; das ist ihre »raison d'être«. Doch indem sie sich der Techniken und der Prozesse des Suchtsystems bedient, *ist* sie selbst das Suchtsystem, eine Tatsache, die sie nicht anerkennt.

Sosehr sich die Psychotherapie auch bemüht, den menschlichen Bedürfnissen gerecht zu werden, es wird ihr nicht gelingen, da auch sie zunehmend von Unehrlichkeit und Kontrollzwängen bestimmt wird. Es wird unterstellt, der Therapeut müsse stets die Kontrolle über den Klienten behalten. Weiter wird angenommen, der wirkliche Heileffekt komme durch den Therapeuten oder die angewandte Technik. Hinzu kommt, daß – wie in so vielen helfenden Berufen – im Bereich der Psychotherapie nur geringe Anstrengungen unternommen wurden, das Wissen um Süchte und Suchtprozesse zu vervollkommnen. Den meisten Psychologiestudenten oder Weiterbildungskandidaten wird im Rahmen ihrer Hochschulausbildung lediglich ein einziger Kurs zum Thema Sucht angeboten; diese Scheinausbildung erfüllt nur den Zweck, unsere Arroganz im Hinblick darauf zu fördern, daß wir bereits genug über Süchte wüßten.

Jeder Therapeut, der nicht selbst aktiv seine Genesung vom Suchtsystem anstrebt, trägt zu seinem Fortbestehen bei. Und jeder Therapeut, der sich nicht um einen Systemwechsel bemüht, unterstützt das Suchtsystem.

Ein weiterer Fehler, der in der Psychotherapie begangen wird, ist die isolierte Behandlung von Erkrankungen. Auch dies ist vor dem Hintergrund zu sehen, daß Psychotherapie und Suchtsystem in Zusammenhang stehen. Beispielsweise haben bestimmte therapeutische Kreise dem Problem des Narzißmus großes Interesse entgegengebracht. Gut und schön; gewiß ist Narzißmus ein interessantes Konzept, an dem sich als Paradigma, als Beispiel, sicherlich ein ganzes Bündel an Verhaltensmustern erklären läßt. Im wesentlichen ist Narzißmus jedoch auch nichts anderes als Selbstbezogenheit, also etwas, worüber jeder professionelle Suchtberater eine ganze Menge weiß. Würden die Therapeuten endlich anerkennen, daß Narzißmus und Selbstbezogenheit dasselbe sind, würden sich die ihnen zur Verfügung stehenden Behandlungsmöglichkeiten enorm ausweiten.

Oder sehen wir uns die Behandlung von Psychosen an, insbesondere die manisch-depressiver Art. Hier ist schon die Tatsache interessant, daß die Zahl dieser Patienten beachtlich gestiegen ist, seitdem Lithium zur Behandlung dieser Erkrankung eingeführt wurde.

Ich hatte einen Klienten, der eine hohe Lithium-Dosis erhielt, als er zu mir kam. Schon vorher war mir aufgefallen, wie sehr die Stimmungsschwankungen von manisch-depressiven Menschen denen von Alkoholikern glichen. Deshalb beschlossen wir, unter Hinzuziehung des Hausarztes meines Klienten, mit unserem therapeutischen Ansatz auf dieser Erkenntnis aufzubauen. Wir setzten die Lithium-Dosis herab, gaben seine Verwendung schließlich vollkommen auf, und dieser Ansatz erwies sich als richtig. Währenddessen konnten wir mit der Behandlung seiner Süchte beginnen.

Wir arbeiteten an der Sucht, die er als erste loswerden wollte (Marihuana), dann an seiner zweiten (Alkohol), und seine Genesung machte Fortschritte. Danach nahmen wir seine Sucht nach Nikotin, Zucker und Essen in Angriff (er leidet an einer ernsthaften Hypoglykämie = abnorm geringer Zuckergehalt des Blutes). Und schließlich beschäftigten wir uns noch mit Suchtbeziehungen, Sex und Geldsucht.

Was am Anfang als manisch-depressive Psychose diagnostiziert worden war, erwies sich als eine Anhäufung von Süchten. Die Behandlung seines Suchtprozesses *und* der jeweils spezifischen Süchte wurde möglich, weil wir uns diesem Wissen nicht verschlossen.

Natürlich möchte ich damit nicht behaupten, *alle* psychischen Erkrankungen seien auf das Suchtsystem zurückzuführen; vielmehr möchte ich sagen, daß die Unkenntnis über das Suchtsystem *jede* derartige Erkrankung aufrechterhält und die Krankheit tatsächlich eine Folge unseres Lebens im Suchtsystem sein kann.

Das Suchtsystem befindet sich im Irrtum über die menschliche Entwicklung

Wie ich schon an früherer Stelle bemerkt habe, gilt die Rebellion des Jugendlichen als normales Stadium innerhalb der menschlichen Entwicklung. Ihr Sinn, heißt es, liege darin, die Trennung von den Eltern zu ermöglichen und eine eigene Identität aufzubauen. Was geschieht aber, wenn ein Jugendlicher mit einem Menschen heranwächst, der *keine* Anzeichen von Kontrolle, Unehrlichkeit, Selbstbezogenheit und Abhängigkeit aufweist – anders formuliert, der *nicht* Teil des Suchtsystems ist? Würde ein solcher Jugendlicher sich so stark absetzen müssen?

Müßte die Entfremdung zwischen Jugendlichen und ihren Eltern stattfinden, wenn jene so erzogen würden, daß sie in Kontakt mit ihren Gefühlen stünden, ihre Aktivitäten davon bestimmt und sie die Gefühle anderer respektieren würden? Oder würde sich ihre Identität allmählich von selbst entwickeln? Würden Jugendliche überhaupt rebellieren, wenn sie sich selbst genau kennen würden?

Meines Erachtens ist der Protest der Pubertierenden eines unter vielen Phänomenen, die aufzubrechen und neu zu entdecken sich lohnen würde. Unser gesamtes Wissen über die menschliche Entwicklung wurde uns von Lehrern des Suchtsystems in den Schulen dieses Systems vermittelt, aus der Perspektive einer »Realität«, die nicht real ist. Natürlich sind dies nur einige Begleiterscheinungen des von mir entwickelten Suchtkonzeptes. Aber je mehr wir von ihnen entdecken, desto größer wird die Chance, die Genesung des gesamten Systems voranzutreiben.

Als ich zum erstenmal das Männliche System und das Suchtsystem als identisch bestimmte, versetzte mich diese Erkenntnis in eine überwältigende Hochstimmung. Dann hielt ich einen Vortrag auf einem Kongreß. Die Worte sprudelten aus mir heraus, es wurde totenstill, und schließlich brachen die Zuhörer spontan in lauten Beifall aus.

Es ist immer eine ungeheure Erleichterung, wenn man die Wahrheit beim Namen nennt, ganz gleich, welcher Art sie ist. Wie einst ein berühmter Weiser sagte: »Ihr werdet die Wahrheit erkennen, und die Wahrheit wird euch frei machen.« (Johannes 8,32)

Ein Grund für meine Begeisterung lag in meiner persönlichen Erfahrung: Ich wußte, welch ein langwieriger und schwieriger Prozeß die Genesung sein konnte. Es kann zwei bis fünf Jahre dauern, bis ein Süchtiger wieder konsequent und klar zu handeln vermag, und bei Co-Abhängigen erfordert dieser Prozeß mindestens ebensoviel Zeit. Diese Zeit muß jeder aufbringen, will er ernsthaft an sich arbeiten, gesund werden und alles unternehmen, um in diesem Genesungsprozeß voranzukommen.

Wie lange bräuchte wohl ein ganzes System für eine Genesung? Und was, wenn dieses System gar nicht weiß, daß es süchtig ist, wenn ihm der kollektive Wunsch nach Genesung fehlt?

Die Anonymen Alkoholiker gehen von der Annahme aus, daß sich die Genesung über ein ganzes Leben erstreckt und vollkommene Genesung dennoch nie erreicht werden kann; sie betrachten Genesung als einen Prozeß, nicht als eine vollendete Tatsache. Dieses Konzept bereitete mir am Anfang einige Schwierigkeiten. Wie aber könnte ein so final ausgerichtetes System dieses Konzept jemals hinnehmen? Trotzdem wußte ich, diese Zweckgerichtetheit selbst war ein Hinweis auf das Suchtsystem. Würde das aber heißen, daß niemals die Zeit käme, in der unser System seine Genesung bereitwillig in Angriff nähme?

Und wie vermögen wir diesen Prozeß überhaupt in Gang zu setzen? Schon das Eingreifen beim einzelnen Süchtigen ist wahrhaft mühsam, manchmal müssen alle Energien darauf verwendet werden, um das Verleugnungsmuster – daß nämlich überhaupt ein Problem besteht – zu durchbrechen. Eine Sucht beherrscht eine Person und nicht umgekehrt – so lautet ihre Definition. Verleugnung dient als Mittel, um diese Macht weiterhin nicht in Frage zu stellen. Unterstützt das uns umgebende System diese Verleugnung, ist es selbst ein Teil von ihr, wie könnten wir dann jemals den Verleugnungsmechanismus eines ganzen Systems aufbrechen und verändern?

Schließlich handelt es sich um ein Suchtsystem, das wir jedoch als

Realität bezeichnet haben, und das Wesen, die Natur dieses Systems, liegt darin, die Augen vor der Realität zu verschließen. Wie sollen wir da jemals durchkommen?

Wo könnten wir beginnen?

Bislang hat sich dieses Buch auf beschreibende Weise mit einem System befaßt, in dem wir alle leben. Seit mehr als zwanzig Jahren arbeite ich nun an dem Konzept eines Systems der Lebensprozesse. In den vergangenen fünf Jahren leitete ich Ausbildungsprogramme für dieses System. In meinem nächsten Buch (›Leben in Prozessen‹) finden sich eine Beschreibung dieses Systems sowie eine detaillierte Erklärung seiner Funktionsweise. Trotzdem möchte ich vorgreifen und zum Schluß ein paar Gedanken skizzieren, die in diese Richtung gehen.

Die Genesung und Heilung

Kann ein gesamtes System von seinen Süchten genesen? Die Vorstellung ist überwältigend. Aber auch beim Alkoholismus, dieser tödlichen Krankheit, wissen wir: Eine Genesung ist möglich. Warum also sollte dies nicht auch bei einem ganzen System gelingen?

Während der vorletzten Wahlkampagne zu den amerikanischen Präsidentschaftswahlen sah ich mir einige Fernsehsendungen zu diesem Thema an. Dabei fiel mir ein neu erwachtes Interesse an der Geschlechterfrage auf. Dies zeigte sich zum Teil in der Nominierung von Geraldine Ferraro als Vizepräsidentschaftskandidatin, und zum Teil ließ sich dies an aktuellen Statistiken ablesen. Allmählich scheinen sich die Fronten zwischen den Geschlechtern wieder zu verhärten, und die Amerikaner gehen grundlegende Probleme zunehmend aus einer geschlechtsspezifischen Perspektive an. Nachdem ich eine Reihe von Interviews gehört und gesehen hatte, war ich doch sehr darüber erstaunt, wie deutlich die von Männern und Frauen vertretenen Positionen den unterschiedlichen Ebenen des Suchtsystems und des Lebensprozesse-Systems zugeordnet werden konnten.

Im allgemeinen brachten die befragten Männer zum Ausdruck, Frieden sei nur durch Kontrolle und Einschüchterung zu erlangen, während die befragten Frauen zu der Ansicht neigten, am ehesten ließe sich Frieden durch Verhandlungsbereitschaft und Verständigung herbeiführen. Wurden Paare interviewt, klafften deren Meinungen weit auseinander.

Mittlerweile beginnen wir, derartige Unterschiede systemumfassend zu *benennen,* und dabei fällt oftmals auf, daß sie in einer klaren Korrelation zu den Geschlechtern stehen. Dies soll nicht etwa heißen, Männer würden sich nicht mit den Problemen befassen, die für Frauen von Bedeutung sind; das wäre falsch. Aber im allgemeinen artikulieren Frauen diese Probleme anders.

Die Rolle der Namengebung

Vielleicht erinnern Sie sich: Am Anfang dieses Buches wies ich auf die Bedeutung der Namengebung hin. Am Ende nun möchte ich noch einmal auf dieses Thema zurückkommen, da es meiner Ansicht nach ausschlaggebend ist für das Verstehen des Suchtsystems und für einen anzustrebenden Genesungsprozeß des gesamten Systems.

Die Genesung von einer Sucht läßt sich nur bewerkstelligen, wenn wir uns eingestehen, daß wir süchtig sind. Das Benennen unserer Realität ist ganz wesentlich für die Genesung. Solange die Einsicht fehlt, daß unser Verhalten, unser Denken, unsere Aktivitäten wirklich von einem Suchtprozeß in einem Suchtsystem bestimmt werden, haben wir niemals die Freiheit, uns für die Genesung zu entscheiden. Haben wir erst einmal etwas beim Namen genannt, kommt das einem Bekenntnis gleich. Haben wir uns zu etwas bekannt, dann gehört es uns, genauso wie die Kraft, die wir ehemals auf diese Sache verwendet haben. Gewinnen wir dann unsere persönliche Macht zurück, können wir unsere Genesung in Angriff nehmen – auf keinen Fall vorher. Wir sollten stets in Erinnerung behalten, daß wir das System nicht verurteilen, wenn wir es süchtig nennen: Vielmehr eröffnet sich dadurch die Chance zur Genesung.

Es klingt paradox, und doch läßt sich unsere persönliche Kraft einzig und allein zurückgewinnen, indem wir unsere Machtlosigkeit eingestehen. Der erste Schritt im Zwölf-Schritte-Programm der Anonymen Alkoholiker beginnt mit den Worten: »Wir geben zu, daß wir dem Alkohol gegenüber machtlos sind.« Das Eingeständnis der Machtlosigkeit gegenüber einer Sucht ist keinesfalls gleichzusetzen mit dem Eingeständnis, wir seien als Person machtlos – diese Erkenntnis ist sehr wichtig. In Wirklichkeit nämlich kann es sich als äußerst macht-voll erweisen, wenn wir, beispielsweise, die Sinnlosigkeit unserer Kontrollillusion einsehen.

Der zweite Teil des ersten Schrittes der AA enthält das Zugeständnis, »daß wir unser Leben nicht mehr meistern konnten« (was in Hinsicht auf den Suchtprozeß ja auch zutrifft). Fehlt uns die Einsicht in dieses Nicht-mehr-meistern-Können, werden wir unsere Versuche fortsetzen, die Sucht unter Kontrolle zu halten – ein unerreichbares Vorhaben. Wir müssen unsere Situation beim Namen nennen – erst das versetzt uns in die Lage, sie verändern zu können.

Die zwölf Schritte der AA könnten genausogut auf der Ebene des Systems funktionieren. Ein Grund für die Wirksamkeit dieses Programms bei der Behandlung von Süchtigen liegt meiner Meinung nach darin, daß es, abgesehen vom Eingehen auf einzelne oder mehrere Süchte, mit dem Suchtprozeß in einer auf Prozessen beruhenden Weise konfrontiert und ihn auch so behandelt.

Als mir die Inhalte des Zwölf-Schritte-Programms etwas klarer wurden, war ich zunächst skeptisch, und es fiel mir ziemlich schwer, dieses Programm unvoreingenommen zu betrachten. Heute weiß ich den Grund: Damals war ich als Co-Abhängige vollkommen in diesem Suchtsystem verwurzelt. Ich äußerte die üblichen Argumente: »Das Zwölf-Schritte-Programm kann schließlich selbst zur Sucht werden ... Die Anonymen Alkoholiker gewinnen die Macht über mein ganzes Leben und werden zum A und O – soziale Gruppe, Kirche, Familie ... So gesund sehen die Leute gar nicht aus, die solche AA-Treffen besuchen ... Mir rauchen dort zu viele ...« Daß Genesung einen *Prozeß* darstellt, daß man Treffen besuchen und das Programm das ganze Leben lang durcharbeiten muß, das wollte ich nicht hinnehmen. Das war einfach zuviel!

Dann, eines Tages, wurde mir klar, daß die Arbeit mit diesem Programm eine ähnliche Bedeutung für mich haben konnte wie das Atmen. Niemals beklage ich mich darüber, daß ich ständig atme. Ich stehe am Morgen nicht auf und sage: »Verdammt, heute muß ich wieder atmen.« Vielmehr lebe ich auf einem Planeten, den eine bestimmte Atmosphäre umgibt, ich lebe in einem bestimmten Körper, und deshalb muß ich atmen, damit ich am Leben bleibe, also tue ich das.

Diese Erkenntnis setzte ich in Analogie zum Leben in einem Suchtsystem. Da ich mich nun einmal entschlossen habe, in diesem System zu leben, muß ich eben die Dinge tun, die mein tägliches Überleben garantieren. Ich muß mir Zeit für mich nehmen. Ich muß meine spirituellen Bedürfnisse berücksichtigen. Ich muß denken und nachdenken. Ich muß mich auf die Symptome hin untersuchen, die möglicherweise einen Rückfall in süchtige Verhaltensmuster anzeigen, und sodann das Notwendige unternehmen, damit ich wieder zu meiner Klarheit zurückkehre – oder zu meiner Nüchternheit, wie es im Zwölf-Schritte-Programm heißt. Anders formuliert: Für mich bedeutet das Befolgen des Programms nichts anderes als atmen. Ich ärgere mich nicht mehr darüber. Genaugenommen empfehle ich all meinen Schülern, sie sollten versuchen, mit einem der heute zur Verfügung stehenden Zwölf-Schritte-Programme zu arbeiten, damit sie einen Systemwechsel vollziehen können.

Auf meinen Vortragsreisen stellte ich immer wieder mit Erstaunen fest, wie viele Menschen als Folge einer Sucht sich aktiv an einem Zwölf-Schritte-Programm beteiligen. In gewisser Weise ist das ein gewaltiger Hohn. Das Suchtsystem setzt alles daran, Süchte verschiedenster Art zu unterstützen, damit die Menschen bloß nicht mit ihren Gefühlen und ihrem Bewußtsein in Berührung kommen, andernfalls nämlich könnten sie das System in Frage stellen. Unglücklicherweise (oder glücklicherweise) jedoch beginnen immer mehr Menschen, Hilfe zu suchen, Menschen, deren Leben durch Süchte verpfuscht ist. Sie schließen sich Gruppen an, die sich für ihre Genesung entschieden haben, und allmählich geht es ihnen besser. Je weiter ihre Genesung fortschreitet, desto weniger sind sie in der Lage, dem Suchtsystem ihre Unterstützung und Teilnehmerschaft zu gewähren.

Mit anderen Worten: Das Suchtsystem enthält an sich in vielerlei Hinsicht die Saat für seine eigene Zerstörung. Dies ist der gewaltige Hohn, aber auch – für mich jedenfalls – ein vielversprechendes Zeichen.

Natürlich gäbe es noch weitaus mehr über das Suchtsystem und den Suchtprozeß zu sagen, es gäbe auch noch vieles, was aufzudecken wäre. Aber wir nähern uns dem Ende des Buches, und daher möchte ich lediglich noch auf ein paar weitere Gedanken und Anmerkungen verweisen sowie einige der bereits dargelegten Ideen wiederholen.

Der trockene Trinker: Das bei den Anonymen Alkoholikern verwendete Konzept vom trockenen Trinker ist für ein Verständnis des Suchtprozesses äußerst hilfreich.

Wer mit Süchtigen arbeitet, weiß, daß Genesung mehr (viel mehr) bedeutet als einfach nur Verzicht auf die Droge. Eine Person kann tagelang, wochenlang, ja sogar jahrelang trocken sein, und trotzdem ist sie nicht nüchtern. Trockene Trinker sind Menschen, die zwar das Trinken aufgeben, weiterhin jedoch die Merkmale und die Prozesse der Sucht aufweisen. Nüchternheit, Klarheit dagegen braucht *Zeit und Arbeit.* Die Genesung ist ein Prozeß.

Ein trockener Trinker ist jemand, der sich nicht auf dem Weg der Genesung befindet. Ein Co-Abhängiger, der vielleicht noch nie einen Tropfen Alkohol angerührt hat, ist jemand, der sich gleichfalls nicht auf dem Weg der Genesung befindet. Beide Krankheiten – Sucht und Co-Abhängigkeit – sind gleich, und sie funktionieren auf exakt dieselbe Weise. Der Alkoholiker mag zum Alkohol greifen, der Co-Abhängige vielleicht zum Essen, die Dynamik in den Prozessen ihrer Süchte jedoch verläuft gleich. Beide sind unehrlich, kontrollierend und selbstbezogen.

Nun haben wir uns derart auf den *Inhalt* von Süchten konzentriert – wie es ja auch unsere durch das Suchtsystem beeinflußte Sichtweise erwarten läßt –, daß wir die notwendige Erarbeitung und Entwicklung von Hilfsmitteln vernachlässigt haben, um den Suchtprozeß gezielt anzugehen.

Übertragen wir einmal die Muster des trockenen Trinkers auf die Ebene des Systems. Menschen, die nicht an einer chemischen Abhängigkeit leiden und dennoch in Suchtprozessen funktionieren, befinden sich in einem »trockenen Rausch«. Dies gilt gleichermaßen für Unternehmen und Betriebe, die unter der Voraussetzung eines Suchtprozesses operieren, der seinerseits Prozesse wie Unehrlichkeit, Manipulation, Kontrolle und Verwirrung zur Grundlage hat. Ebenso befinden sich erzieherische und politische Systeme im trockenen Rausch, wenn sie nach den Voraussetzungen des Suchtsystems – Voraussetzungen wie Kontrolle und Unehrlichkeit – funktionieren. Hier erleben wir das Hologramm auf allen Ebenen. Das Syndrom des trockenen Rausches ist genauso strukturiert wie das Individuum, das sich im trockenen Rausch befindet – und umgekehrt. Es gibt keinen Unterschied.

Substanzgebundene/prozeßgebundene Süchte: Eine meiner Freundinnen hat einige spannende Beobachtungen in bezug auf substanz- und prozeßgebundene Süchte gemacht. Sie betont vor allem, daß prozeßgebundene Süchte – vergleicht man beide – immer die weiterreichende soziale Komponente besitzen.

Auf der persönlichen Ebene beeinflussen uns substanzgebundene Süchte insofern, als sie uns das Leben im Suchtsystem erträglich scheinen lassen und somit unsere widerstandsfreie Einpassung in das System gewährleisten. Dagegen haben die Effekte der prozeßgebundenen Süchte weiterreichende Folgen: Sie bewirken, daß wir unsere Moral und unsere sozialen Perspektiven verlieren und an einer Zerstörung mitwirken, die weit über unser eigenes Leben und unsere unmittelbare Umgebung hinausgeht. Es sind die von prozeßgebundenen Süchten abhängigen Menschen, die Vernichtungswaffen herstellen, die die Apartheid befürworten, die auf Kosten der Frauen ihr Geschäft mit gesundheitsschädigenden Verhütungsmitteln machen.

Das Suchtsystem als geschlossenes System: Wie schon bemerkt, stellt das Suchtsystem ein geschlossenes System dar. Auf komplizierten Umwegen kehrt es stets zu seinem Ausgangspunkt zurück und verstrickt sich dabei mehr und mehr in sich selbst. Dieses Buch soll nicht nur diesen Prozeß aufzeigen, es ist auch seinen Windungen entsprechend geschrieben. Lesen wir etwa die Abschnitte über die Charakteristika *und* die Prozesse, dann können wir verfolgen, wie Unehrlichkeit zur Verwirrung führt, die ihrerseits Kontrolle hervorruft, wie diese wiederum Unehrlichkeit verursacht und so weiter. Alles, was ich in diesem Buch beschrieben habe, entspringt einem Kern, verzweigt sich, um schließlich doch wieder zum Ursprung zurückzukehren. Genauso funktioniert das Suchtsystem. Nichts scheint deutlich unterscheidbar und klar. Alles ist verwickelt und undeutlich. Auf diese Weise konnte sich das System bis heute selbst erhalten. Unmöglich läßt sich ein Teil herausnehmen und dann isoliert behandeln. Es ist wie mit den Freudschen Theorien: Sie funktionieren als geschlossenes System. Wer mit diesen Theorien nicht übereinstimmt, muß sich den Vorwurf gefallen lassen, seine Argumentation würde von Selbstverteidigungsmechanismen bestimmt. Folglich könne man ihm nicht glauben.

In diesem Buch habe ich mich häufiger wiederholt und einen Gedanken benutzt, um einen anderen zu veranschaulichen – darüber bin ich mir im klaren. Genauso arbeitet ein geschlossenes System. Es ist verwirrend, *und* genau in diesem System leben wir.

Drei gefährliche Prozesse: Es gibt drei Prozesse, die uns anscheinend in das Suchtsystem zurückstoßen, sobald wir sie praktizieren. Sie wurden bereits ausführlich diskutiert, dennoch möchte ich sie an dieser

Stelle noch einmal hervorheben. Es handelt sich um *dualistisches Denken, Unehrlichkeit* und *Kontrolle.*

Jedesmal, wenn wir einem dieser Prozesse unterliegen, befinden wir uns unwillkürlich inmitten unseres Suchtverhaltens. Jedesmal, wenn wir uns dualistischer Denkweisen bedienen, Unehrlichkeit und Kontrolle an den Tag leben, könnten wir genausogut »einen Schluck nehmen«. Die Folge gleicht einem trockenen Rausch, und wir müssen unseren Genesungsprozeß erneut in Gang setzen. Aus diesen drei Prozessen scheinen all die übrigen Merkmale und Prozesse des Suchtsystems auf natürliche Weise hervorzugehen.

Das Suchtsystem als Bezugspunkt: Behandeln wir unseren Suchtprozeß und beginnen wir damit, allmählich von ihm zu genesen, dann können wir buchstäblich ein neues Leben anfangen.

Einer der Hauptunterschiede zu früher liegt dann in der Tatsache, daß uns das Suchtsystem nicht mehr als Bezugspunkt dient. Wir passen uns in dieses System nicht mehr ein, aber wir bekämpfen es auch nicht; es hat einfach keine Bedeutung mehr, es ist nicht mehr unser Bezugspunkt. Es ist nebensächlich geworden, weit entfernt, belanglos. Wir sind vollkommen von ihm abgetrennt. Wir haben einen Systemwechsel vollzogen und es hinter uns gelassen.

Paradigmenwechsel/Systemwechsel

In ihrem Buch ›Die sanfte Verschwörung‹ weist Marilyn Ferguson häufig darauf hin, daß wir in einer Zeit des Paradigmenwechsels leben würden. Nach einiger Überlegung bin ich zu der Ansicht gelangt, daß dieses Konzept eigentlich an ein statisches, nicht in Prozessen verlaufendes System gebunden ist. Würden wir in einem echten Prozesse-System leben, dann würden wir einfach neue Ideen entwickeln!

Der Begriff Paradigmenwechsel gründet sich auf einen ständigen Informationszuwachs, der gekoppelt ist mit einer zusätzlichen, gründlichen Verarbeitung neuer Informationen. Das hat zur Folge, daß wir unserer gegenwärtigen Situation entrissen werden und gezwungenermaßen einen anderen Weg gehen.

Obwohl ich Marilyn Fergusons Ansicht über dieses Konzept nicht teile, halte ich es doch für äußerst nützlich. Nach ihren Ausführungen befinden wir uns im Prozeß eines Paradigmenwechsels, der in unserer Gesellschaft zwar erst im Keimen, aber doch schon weit verbreitet ist.

Ferguson hat ihre Theorie genau belegt, und doch werden meines Erachtens die von ihr dargelegten Erklärungsversuche erst schlüssig, wenn das Element der Sucht mit aufgenommen und berücksichtigt wird.

Ich glaube, Ferguson redet von einem Wechsel in das Lebensprozesse-System, der das Suchtsystem letztendlich überflüssig werden läßt. Die Popularität der Zwölf-Schritte-Programme und anderer Genesungskonzepte deutet auf einen solchen im Gang befindlichen Wechsel hin. Derartige Hilfsmittel waren längst überfällig, sie erleichtern uns einen Systemwechsel. Spiritualität und Meditation etwa sind weitere Hilfsmittel, die momentan im Kommen sind. Wir brauchen sie alle.

Das Hologramm in Bewegung

Vielleicht erinnern Sie sich noch an das holographische Konzept, das ich in einem der vorherigen Kapitel eingeführt habe: Das Individuum entspricht dem System, und das System entspricht dem Individuum. Beginnen die Menschen allmählich, in ein Prozesse-System überzuwechseln, das von jeder Sucht, jeglichem Suchtverhalten frei ist, dann vollzieht das System selbst einen ähnlichen Wechsel. Indem das System die für diesen Wechsel notwendigen Veränderungen in Angriff nimmt, eröffnen sich auch dem Individuum größere Entscheidungsfreiräume für Veränderungen.

Ein Teil ist wie das Ganze, das Ganze ist wie ein Teil, in ihrer grundlegenden Struktur sind sie gleich. Veränderungen im Individuum bedingen Veränderungen im System, werden jedoch in beiden Richtungen reflektiert. Hierin liegt eine spannende Möglichkeit!

Nüchternheit, Prozeß und Spiritualität

Meiner Ansicht nach sind Nüchternheit, Prozeß und Spiritualität Wörter für ein und denselben Prozeß.

Entscheidet sich ein Mensch, von seiner chemischen Sucht freizukommen, wird ihm in der Regel erklärt, daß seine Nüchternheit das allerwichtigste sei, er müsse sie allem voranstellen, ansonsten könne er niemals genesen. Konzentriert er sich auf seine Nüchternheit, bedeutet dies nicht, daß er Partner, Job oder irgendeine andere Beziehung oder Situation aufgeben muß; aber er muß die *Bereitschaft* aufbringen, dies zu tun, wenn diese Beziehung oder Situation seine Nüchternheit gefährdet. Nichts darf sich zwischen den Menschen und seine Nüchternheit stellen, denn erlangt er sie nicht, wird er daran zugrunde gehen.

Die von mir gemeinte Spiritualität und der von mir gemeinte Prozeß lassen sich mit Nüchternheit gleichsetzen. Nichts darf sich zwischen uns und unsere Spiritualität drängen, nichts zwischen uns und unseren Lebensprozeß. Lassen wir dies zu, würden wir uns selbst und die Menschen in unserem Umkreis zerstören.

Ich möchte mit einem Bild schließen, das ich oft in der Zusammenarbeit mit meinen Schülern verwende:

Stellen Sie sich das Universum als ein riesiges Puzzle vor. Jeder von uns ist ein einzigartiges, lebendiges Teil eines Puzzles. Kein anderer besitzt unsere Gabe, unsere Lebenserfahrung; niemand ist *wir*. Wir sind einzigartig! Wir füllen unseren Teil nur aus, wenn wir vollkommen wir selbst sind.

In einem Suchtsystem bekommen wir beigebracht, nicht wir selbst zu sein. Wir verlieren die Nähe zu uns selbst. Wir beziehen uns auf uns selbst nur von außen. Wir leugnen, wer wir sind. Auf diese Weise entsteht ein Loch im Puzzle und ein Loch im Universum, das kein anderer auszufüllen vermag.

Da wir bis heute in einem System, und zwar in einem Suchtsystem, gelebt haben, bewegen wir uns folglich in einem äußerst lückenhaften. Universum. Beginnen wir, unser Leben, unsere Vergangenheit und unser Selbst zurückzufordern, dann schließen sich auch die Lücken im Universum.

Nur indem wir unseren persönlichen Prozeß leben, können wir unseren Platz im Universum ausfüllen. Nur dann kann das gesamte System gesund werden.

Anmerkungen

Das Suchtsystem

1 How Democracies Perish (Garden City, NY: Doubleday); Morris Bermann: Wiederverzauberung der Welt (Dianus-Trikont, 2. Aufl. 1984); Masanobu Sokuoka: The One Straw Revolution (Emmaus, Pa.: Rodale Press, 1978); Fritjof Capra: Wendezeit (Scherz, 1983; dtv 1991); Jay D. Fast: Entropy (New York: Gordon, 1978); John Naisbitt: Megatrends (Hestia, 1984); Elizabeth Dodson Gray: Green Paradise Lost (Wellesley, Mass.: Roundtable Press, 1982).

2 Anne Wilson Schaef: Weibliche Wirklichkeit (Mona Bögner-Kaufmann, 1985).

3 Ursula LeGuin: Erdsee (3 Romane, Heyne-TB, 1986).

4 Tilli Olsen: Silences (New York: Delacorte Press/Seymour Lawrence, 1978).

5 Marilyn Ferguson: Die sanfte Verschwörung. Persönliche und gesellschaftliche Transformation im Zeitalter des Wassermanns (Droemer, 1984). Der Begriff Paradigmenwechsel wurde von Thomas Kuhn in seinem Buch ›Die Struktur wissenschaftlicher Revolution‹ (Suhrkamp-TB, 1973) eingeführt. Sobald wir eine wissenschaftliche Beobachtung machen, schreibt Kuhn, entwickeln wir ein Paradigma, ein Modell, um diese Beobachtung zu erklären; mit wachsendem Wissen und zunehmender Erfahrung mit diesem Beobachtungsgegenstand wird dieses Paradigma hinfällig, und wir wenden uns dem nächsten zu. Nach Ferguson vollzieht sich dieser Prozeß momentan in unserer gesamten Gesellschaft.

6 Sharon Wegscheider-Cruse: »Co-Dependency: The Therapeutic Void«, in: Co-Dependency: An Emerging Issue (Pompano Beach, FL: Health Communications, 1984), S. 1.

7 Charles Whitfield, M.D.: »Co-Dependency: An Emerging Problem Among Professionals«, in: Co-Dependency: An Emerging Issue (Pompano Beach, FL: Health Communications, 1984), S. 45.

8 Earnie Larson: Basics of Co-Dependency (Brooklyn Park, MN: E. Larsen Enterprises, 1983).

9 Eine umfassendere Auseinandersetzung mit diesem Thema findet sich in meinem Buch ›Co-Abhängigkeit‹ (Mona Bögner-Kaufmann, 1986).

10 Workshop zum Thema: »Erwachsen gewordene Kinder von Alkoholikern« mit Sharon Wegscheider-Cruse und Rokelle Lerner im Rocky Mountain Council on Alcoholism, Denver, Colorado, Januar 1984.

11 Ebd.

Das Suchtsystem als Hologramm

1 Ken Wilbur: The Holographic Paradigm and Other Paradoxes: Leading Edge of Science (Boulder, Colo.: Shambala, 1982).

2 William Sloane Coffin: The Courage To Love (San Francisco: Harper & Row, 1982), S. 49f.

3 Mit Abhängigkeit in Beziehungen haben sich viele Autorinnen und Autoren beschäftigt – Colette Dowling: Der Cinderella-Komplex (Fischer, 1982), Dan Ki-

ley: Das Peter-Pan-Syndrom. Männer, die nie erwachsen werden (Kabel, 1987) und: Die Angst der Frauen, sie selbst zu sein (Das Wendy-Dilemma) (Kabel, 1988), Natalie Shainess: Keine Lust zu leiden (Heyne-TB, 1988), Robin Norwood: Wenn Frauen zu sehr lieben (Rowohlt, 1986), Conell Cowan u. Melvyn Kinder: Smart Women, Foolish Choices –, um nur einige zu nennen. Allerdings wird in diesen Büchern kein Zusammenhang zwischen Suchtbeziehungen und Suchtsystem hergestellt.

4 Richard Bach: Illusionen (Ullstein, 1978).

Die Prozesse des Suchtsystems

1 »Our Town, 1985«, The New York Times, 21. Oktober 1984.

2 Man beachte, wie sich die Wörter *neu* und *unterschiedlich* doch eigentlich auf das Suchtsystem beziehen. Dies ist ein ausgezeichnetes Beispiel dafür, wie die im System verwendete Sprache den Prozeß des Fremdbestimmtseins unterstützt. Um derartigen Fallen zu entgehen, müssen wir besonders kreativ sein!

3 »Trashing: The Dark Side of Sisterhood«, Ms., April 1976.

4 Jane Roberts: The Further Education of Oversoul Seven (Washington, D.C.: P. H. Associates, 1979).

5 In ›Co-Abhängigkeit‹ bezeichnete ich den Suchtprozeß als ursächlichen Prozeß innerhalb des Suchtsystems. Sämtliche in diesem Kapitel aufgeführten Prozesse sind dem Suchtprozeß untergeordnet. Es dürfte kaum überraschen, daß wir so tief in diesen Prozessen verwurzelt sind, da sie ja allgegenwärtig sind, unsere Umwelt von ihnen durchzogen ist und wir sie als Realität begreifen. Wir müssen sie als das erkennen, was sie eigentlich sind.

Genesung und Heilung

1 Ferguson: Die sanfte Verschwörung (s. oben, 1. Teil, Anm. 5).

Anne Wilson Schaef

Die Flucht vor der Nähe

Warum Liebe, die süchtig macht, keine Liebe ist.

200 Seiten, Broschur

Sexsucht, Romanzen- und Beziehungssucht durchdringen die Verbindungen zwischen Frauen und Männern bis in die intimsten Bereiche und hindern die Menschen daran, wirkliche Liebe und Partnerschaft zu erleben. Allen diesen Süchten ist ein Merkmal gemeinsam: Sie fordern die Flucht vor der Nähe zu einem anderen Menschen. Beziehungssüchtige glauben immer wieder, sie würden durch ihre Sexualität oder ihre Gefühle Nähe herstellen – und vermeiden wirkliche Intimität doch gerade durch romantische Wunschvorstellungen, übersteigerte Emotionen oder besitzergreifendes Verhalten. Anne Wilson Schaef beschreibt anhand vieler Beispiele, wie die Beziehungssüchte die Menschen gefangenhalten. Sie zeigt aber auch eindrucksvoll auf, wie gesunde Beziehungen aussehen: Jemanden wirklich zu lieben heißt, immer bei sich selbst zu bleiben und gemeinsam mit dem anderen das eigene Leben zu leben.

HOFFMANN UND CAMPE

dialog
und praxis

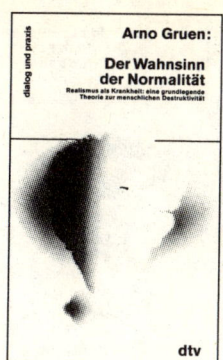

Psychologie
Analyse
Therapie

Kathrin Asper:
Verlassenheit und
Selbstentfremdung
Neue Zugänge zum
therapeutischen
Verständnis
dtv 15079

Michael Balint:
Die Urformen der
Liebe und die Technik
der Psychoanalyse
dtv/Klett-Cotta 15040

Bruno Bettelheim:
Der Weg aus dem
Labyrinth
dtv 15051

Charles V. W. Brooks:
Erleben durch die Sinne
»Sensory Awareness«
dtv 15085 (Januar 1991)

Erich Fromm:
Psychoanalyse und Ethik
dtv 15003

Psychoanalyse und
Religion
dtv 15006

Über den Ungehorsam
dtv 15011

Sigmund Freuds
Psychoanalyse –
Größe und Grenzen
dtv 15017

Über die Liebe zum
Leben
Hrsg. von H. J. Schultz
dtv 15018

Die Revolution der
Hoffnung
Für eine Humanisie-
rung der Technik
dtv/Klett-Cotta 15035

Die Seele des Menschen
Ihre Fähigkeit zum
Guten und zum Bösen
dtv 15039

Das Christusdogma
und andere Essays
dtv 15076

Die Furcht vor der
Freiheit
dtv 15084

Arno Gruen:
Der Verrat am Selbst
Die Angst vor
Autonomie
bei Mann und Frau
dtv 15016

Der Wahnsinn
der Normalität
Realismus als Krankheit:
eine grundlegende
Theorie zur mensch-
lichen Destruktivität
dtv 15057

Verena Kast:
Märchen als Therapie
dtv 15055

Der schöpferische
Sprung
Vom therapeutischen
Umgang mit Krisen
dtv 15058

Ronald D. Laing:
Das geteilte Selbst
Eine existentielle Studie
über geistige
Gesundheit und
Wahnsinn
dtv 15029

Das Selbst und die
Anderen
dtv 15054

dialog und praxis

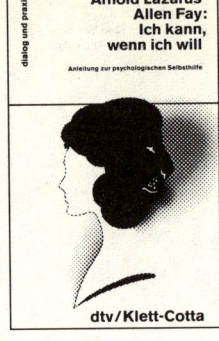

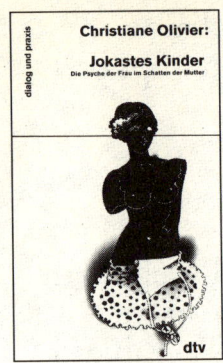

Psychologie
Analyse
Therapie

Ronald D. Laing:
Die Stimme der
Erfahrung
dtv 15060

Die Tatsachen des
Lebens
dtv 15081

**Arnold Lazarus/
Allen Fay:**
Ich kann, wenn ich will
Anleitung zur psycho-
logischen Selbsthilfe
dtv/Klett-Cotta 15002

Rollo May:
Sich selbst entdecken
Seinserfahrungen in
den Grenzen der Welt
dtv 15080

Leo Navratil:
Schizophrenie und
Dichtkunst
dtv 15020

Christiane Olivier:
Jokastes Kinder
Die Psyche der Frau
im Schatten der Mutter
dtv 15053

Frederick S. Perls:
Das Ich, der Hunger
und die Aggression
dtv/Klett-Cotta 15050

**Frederick S. Perls/
Ralph F. Hefferline/
Paul Goodman:**
Gestalttherapie
Grundlagen
dtv/Klett-Cotta 15086
(Februar 1991)

Peter Schellenbaum:
Das Nein in der Liebe
Abgrenzung und
Hingabe in der
erotischen Beziehung
dtv 15023

Gottesbilder
Religion, Psycho-
analyse, Tiefen-
psychologie
dtv 15059

Abschied von der
Selbstzerstörung
Befreiung der Lebens-
energie
dtv 15078

Walter J. Schraml:
Einführung in die
moderne Entwicklungs-
psychologie für
Pädagogen und
Sozialpädagogen
dtv 15082

Manès Sperber:
Individuum und
Gemeinschaft
Versuch einer sozialen
Charakterologie
dtv/Klett-Cotta 15030

René A. Spitz:
Vom Dialog
dtv/Klett-Cotta 15047

Walter Volpert:
Zauberlehrlinge
Die gefährliche Liebe
zum Computer
dtv 15045

Herbert Will:
Georg Groddeck
Die Geburt der
Psychosomatik
dtv 15034

Das Buch

Wir leben in einem Suchtsystem – dieser provokanten These mag mancher widersprechen, der, wenn von Sucht die Rede ist, zunächst an Drogen, Alkohol oder Tabletten denkt, vielleicht auch an Rausch und Ekstase – jedenfalls an eine Krankheit mit unstillbarem Verlangen nach Rauschmitteln. Die amerikanische Suchttherapeutin und Psychologin Anne Wilson Schaef definiert das Problem Sucht aber sehr viel weiter. Neben »substanzgebundenen« Abhängigkeiten wie die von Alkohol, Nikotin oder Koffein gibt es auch »prozeßgebundene« Süchte: ein zwanghaftes Verhältnis zum Glücksspiel, zur Sexualität, zur Angst, zur Arbeit oder zur Religion. Fernsehen kann genauso zur Sucht werden wie Jogging oder Bücher-Sammeln. All diese Abhängigkeiten sind nur dann begreifbar, wenn neben der einzelnen betroffenen Person auch das gesamtgesellschaftliche System betrachtet wird, denn: »Das Individuum trägt das System in sich.« Suchtbeziehungen sind nicht abweichendes Verhalten in unserer Gesellschaft, sondern ein Spiegel unserer zerstörerischen und krankmachenden Normen. »Die Gesellschaft verkörpert ein System, und zwar ein Suchtsystem. Es trägt alle Merkmale und vollzieht alle Prozesse, die für den Alkoholiker oder Süchtigen typisch sind. Es funktioniert aufgrund genau derselben Mechanismen.« Wer also in einem Suchtsystem lebt, braucht selber keinen Drogenmißbrauch zu betreiben, um die Verhaltensweisen eines Drogenabhängigen zu zeigen. Schaef weist in einem ganzheitlichen Modell anhand zahlreicher Beispiele Wege aus der Abhängigkeit; zwar bezieht sie immer wieder auch den einzelnen Süchtigen und das Problem der Co-Abhängigkeit mit ein, doch geht es ihr hauptsächlich darum, daß die destruktiven Strukturen der »Sucht-Gesellschaft« abgelöst werden von einem lebensbejahenden Bewußtsein, denn »das Suchtsystem ist in seiner Orientierung lebensfeindlich und unlebendig«.

Die Autorin

Anne Wilson Schaef, eine der bekanntesten amerikanischen Psychotherapeutinnen, ist Mitbegründerin des Woman's Institute of Alternative Psychotherapy. Sie arbeitet in ihrer Praxis in Boulder, Colorado, daneben lehrt sie ihren prozeßtherapeutischen Ansatz auf zahlreichen Vortragsreisen und Workshops in den USA, Kanada und Europa, vor allem in der Bundesrepublik. Weitere Veröffentlichungen auf deutsch: ›Weibliche Wirklichkeit‹ (1985), ›Co-Abhängigkeit‹ (1986) und zuletzt ›Die Flucht vor der Nähe‹ (1990).